Félix Serrano Alda

LA CRISIS
TU DINERO Y TÚ
Cómo superar la crisis y salir reforzado de ella

Félix Serrano Alda

LA CRISIS
TU DINERO Y TÚ

Cómo superar la crisis y salir reforzado de ella

EDICIONES OBELISCO

Colección Éxito
LA CRISIS, TU DINERO Y TÚ
Félix Serrano Alda

1.ª edición: noviembre de 2009

Maquetación: *Mariana Muñoz*
Corrección: *M.ª Ángeles Olivera*
Diseño de cubierta: *Enrique Iborra*
Imagen de contracubierta: *Carmen Garcinuño San Gil*

© 2009, Félix Serrano Alda
(Reservados todos los derechos)
© 2009, Ediciones Obelisco, S. L.
(Reservados los derechos para la presente edición)

Edita: Ediciones Obelisco S. L.
Pere IV, 78 (Edif. Pedro IV) 3.ª planta, 5.ª puerta
08005 Barcelona - España
Tel. 93 309 85 25 - Fax 93 309 85 23
E-mail: info@edicionesobelisco.com

Paracas, 59 C1275AFA Buenos Aires - Argentina
Tel. (541-14) 305 06 33 - Fax: (541-14) 304 78 20

ISBN: 978-84-9777-579-3
Depósito Legal: B-37.404-2009

Printed in Spain

Impreso en España en los talleres gráficos de Romanyà/Valls S.A.
Verdaguer, 1 - 08786 Capellades (Barcelona)

INTRODUCCIÓN

Como puedes imaginar por el título, a lo largo de las siguientes páginas vamos a analizar y desmenuzar estos tres elementos, la crisis, tu dinero y tú. Trataremos de analizar cómo la crisis puede afectar a tu dinero y a tu vida, y cómo tú puedes gestionarlo mejor. Y, lo que es más importante, cómo puedes salir de esta crisis, económicamente, no muy tocado y, personalmente, reforzado, para perdurar en un nuevo escenario en que ya nada volverá a ser como antes.

La crisis

Negada por unos y magnificada por otros, se ha instalado entre nosotros y ya nos afecta en el día a día de manera inmisericorde.

Nos parecía que una crisis era una cosa pasajera que, como en los años 1993-1995 o en los albores del milenio, en 2001-2003, era una situación económica en que se venden menos pisos y coches y la Bolsa y su Ibex35 se sitúa por los 6.000 puntos. Pero de ellas ya casi no recordamos gran cosa y nos parece que era más un tema de los economistas, los brokers y las gráficas del Ibex, que de sufrirla en nuestras carnes. Además, no nos afectaron tanto y salimos de ellas más ricos porque nuestras viviendas siguieron mejorando su valoración.

Y si la quieren comparar con la Gran Depresión de 1929 y siguientes en Estados Unidos, nos da igual. Porque no la vivimos y sólo tenemos las imágenes del cine y los documentales en que señores con traje o en camisa y tirantes lanzaban por la ventanas sus resguardos de las acciones que ya no valían nada, y otros que se tiraban ellos mismos ante la ruina que se les venía encima. Las películas de «gangsters» de los años siguientes, cuando la Ley Seca prohibía la venta y consumo de alcohol. Y las penurias de la gente normal del campo para encontrar trabajo, como nos enseñó Henry Fonda en «*Las uvas de la ira*».

Las elucubraciones de los economistas actuales y periodistas sobre Keynes y su libro *Teoría general sobre el empleo, el interés y el dinero* que publicó en 1936 como respuesta a la Gran Depresión, nos dejan fríos y nos parece que son ganas de hacerse los interesantes a destiempo. Lo único que nos consuela es el *new deal* de Franklin D. Roosevelt, que puso a su nación a trabajar a destajo e hizo grandes carreteras, porque ahora eso puede ser de nuevo la solución para EE. UU., o para nuestro país, con las autopistas y el AVE.

Además, nuestras crisis de la década de 1990 y 2000 eran locales y cada país la sufrimos en la intimidad y a nuestra manera. Mientras que esta crisis es una bruja que viaja en la alfombra de la globalización a velocidades de Concorde.

Ya no es sólo el efecto mariposa de la teoría del caos, en que una mariposa de África mueve las alas, un poco fuerte, y puede provocar un tsunami en Indonesia. Es el efecto resfriado, en que un japonés jefe de una multinacional del automóvil o de los televisores de pantalla plana se acuesta un poco constipado en Hiroshima y, cuando al mismo tiempo amanece en Martorell, 300 obreros se levantan estornudando y otros 300 con carraspera en la garganta.

Ésta es la gran crisis de la globalidad, y de la misma manera que el mundo financiero anglosajón, Estados Unidos y Reino Unido, nos han metido en ella con sus florituras financieras, todo apunta que ha de ser China quien nos ayude a salir o, por lo menos, haga de avanzadilla para que la sigamos.

Y a nivel personal tendremos que hacer como las grandes corporaciones que se han visto sorprendidas por esta crisis y amenazadas en su actividad principal: soltar lastre desterrando actividades improductivas. Nosotros no podemos hacer reducción de plantilla –personal–, pero podemos reducir gastos financieros, las deudas y sus intereses. Y huelga a la japonesa, trabajar más y en lo que sea, aunque sea ganando menos. Pero entendiendo que esta nueva etapa nos ha de disciplinar para mejorar nuestra forma física y nuestros hábitos para llegar más preparados a la nueva etapa de recuperación.

Tu dinero

Ya no es solamente que las viviendas valgan menos y se vendan menos, es que en tu escalera se ha vendido una vivienda igual que la tuya por un 30 % menos de lo que valía la tuya en 2007. Tu cuñado se ha visto afectado por un ERE temporal y afronta las Navidades con una pizca de amargura y preocupación, porque puede ser un ERE definitivo.

En mi escalera acaban de prejubilar a dos cajeros con 57 años que ahora hacen planes para disfrutar de su tercera juventud con plenitud y sabiduría. Otros, más perjudicados por esta crisis, han tenido que abandonar su vivienda en manos del banco porque no podían hacer frente a la hipoteca por la pérdida del empleo.

Y otros muchos, mantienen la vivienda, el trabajo y la mujer, las tres patas sobre las que se aguantaba su vida, pero han visto disminuir sus ingresos, y la vivienda vale menos, mientras su hipoteca sigue valiendo igual y, por ello, mermando sobremanera su patrimonio. Todo esto ha trastocado sus planes de riqueza ilimitada a partir de la teoría del crecimiento perpetuo del valor de las viviendas, que era el seguro que tenían para una jubilación de ensueño.

Casi todos estamos viendo afectada nuestra ilusión de riqueza futura, sea en forma de ladrillos, acciones o planes de pensiones. Y nuestra economía diaria, porque posiblemente han disminuido los ingresos o éstos son más inciertos de cara al futuro, lo que nos lleva a tener que administrar mejor nuestro dinero, gastar menos y sacarle más provecho a lo gastado.

Por eso, tendremos que analizar en detalle todos los instrumentos con que administramos nuestro dinero, todos los sacos donde lo guardamos y a quien lo cuida, para gestionarlo mejor. De manera que podamos preservar nuestro patrimonio y adecuar nuestro nivel de gastos al nuevo nivel de ingresos sin que ello merme nuestras expectativas futuras ni deteriore nuestro día a día de manera significativa.

Y tú

La tercera categoría de esta trilogía somos tú y yo.

Nada volverá a ser como antes. Y tendremos que cambiar nuestros comportamientos personales y financieros para hacer frente a la nueva situación y salir reforzados de ella. Menos ricos, pero más sabios y con mejores hábitos.

Los que ya tenemos cierta edad y nos hemos criado a caballo entre siglos, avanzando en la vida sobre la ola de la modernidad, sospechábamos que todo esto de la riqueza virtual conseguida casi por nada no podía durar para siempre. Una vivienda de 120 metros, igual que la tuya, comprada en el año 1990 por el equivalente a 140.000 €, y que se había vendido en el año 2007, al lado de tu casa, por 720.000 €. La multiplicación de los panes y los peces.

Sospechábamos que el euro era maravilloso y habíamos visto que había superado al dólar de largo —a 1,6 lo pudimos llegar a ver—, pero no era para tanto ni era posible que esa exuberancia del mercado inmobiliario se mantuviese en el tiempo.

Por eso, ahora estamos apeándonos de la alfombra voladora y estamos pie a tierra de nuevo. Enfrentados a la triste realidad de los números virtuales que, cuando eran sobrevaloraciones de la vivienda o las acciones del banco, nos parecían oro en mano. Pero ahora, ya mermadas estas valoraciones virtuales, queremos creer que son sólo números que mejorarán por sí solos en el futuro.

Pero en la medida en que también afectan a nuestra vida cotidiana, tendremos que adecuar nuestros gastos, aprovechar mejor nuestras posesiones y consumos y disfrutar de lo que la sociedad nos ofrece. Tanto en servicios y bienes materiales como en una compartición de actividades que nos devuelvan al sistema de valores en que creíamos, a partir de la consecución con esfuerzo y al disfrute sabio de todo ello. Como dice una buena amiga periodista, María Victoria, «la nueva escala de valores no es incompatible con saber disfrutar, y tenemos que apreciar las cosas por su valor de uso o disfrute, no por lo que cuestan».

Capítulo 1

LA CRISIS

La madre de todas las crisis

Ya llevamos un año largo de caída continuada de todos los valores que soportan nuestra economía familiar y nos hemos apretado el cinturón por lo que todo esto pueda durar. Eso si no hemos perdido el trabajo en cuyo caso ya no se trata de hacer un plan light de austeridad, sino un plan de salvamento. La patera de nuestros sueños está a punto de hundirse y con ella la casa-pisito de nuestros penares hipotecarios, que se han hecho vitalicios. Al contrario que las rentas, que son menguantes y perecederas.

Nos encontramos con la paradoja de la vivienda, que nos ha hecho a todos bastante menos ricos, aunque afecta de una manera más directa a los nuevos adquirentes. Aunque no debería insistir mucho en ello porque lo tenemos claro, vale la pena hacer unos números para situarnos. Si hemos comprado un pisito hace dos años por 100, debemos 110 porque nos prestaron los 100 del pisito y para los gastos 10 y no hemos amortizado nada porque hemos estado en período de carencia, pagando sólo los intereses. Si vendemos el pisito ahora, nos dan 80 y nos quedamos debiendo 30 y sin pisito. Demencial.

Ahora entendemos eso del apalancamiento financiero. La panacea si los pisos suben. O la horca, si los pisos bajan.

Claro que nos podemos consolar por la soga con que se han ahorcado –de momento sólo un poco de apreturas en el cuello– los que habían levantado la pirámide de Madoff. Habían puesto 100, les habían prestado 400 y recibían anualmente un interés del 10 %. Rendimientos anuales: 50 menos 20 de intereses por el préstamo al 5 %. Ganancia anual: 30. Que sobre el capital invertido, 100, era una rentabilidad anual del 30 %. No estaba nada mal.

Pero, ¿qué les ha pasado a los madoffianos al desmontarse la pirámide de arena?

Que se han quedado sin los 100 suyos y deben 400 al banco. Aunque, al contrario que a los pobres con su hipoteca vitalicia que el banco inmisericorde les ha asignado ya de por vida; a estos pobres ricos, el banco misericordioso está estudiando fórmulas de nueva ingeniería imaginativa para tratar de hacer un nuevo entramado financiero.

—*Y con mi pisito y mi hipoteca, ¿no podemos hacer también juegos de manos a la sombra de un cine de verano?*

No.

Las hipotecas de los pobres, las nóminas de los asalariados y las pensiones de los abuelos son la base real de sustentación del sistema financiero. Y si se hiciese con ello ingeniería financiera se pondría en riesgo la poca solidez que le queda al entramado financiero.

«Amarrado al duro banco de una galera financiera», —recitas comprensivo.

El mundo está mal repartido, y los que se encuentran en la peor parte de las situaciones extremas descritas tienen que someterse a un plan de adelgazamiento financiero para poder sobrevivir a la hipoteca, los pagos de los colegios y la pensión de la ex mujer. Hemos de reforzar los cimientos y el tejado de nuestra casa financiera para que pueda soportar los vendavales financieros que puedan venir. En definitiva, ser más austeros, consumir mejor y aprovechar todo lo aprovechable.

—*Pero los pobres ricos, no se ajustan el cinturón, ni...*

No es el caso, ni son ejemplos aplicables a nuestra economía familiar. Para nosotros, austeridad y mejor consumo. No se compra nada que sea prescindible o reparable. Vacaciones en la nieve: nada. Coche nuevo: a reparar el viejo y dos años más. Zapatos: nada de unos por temporada, medias suelas y tacones nuevos. Separaciones y divorcios: pueden esperar a tiempos de bonanza. Quizá mientras tanto se resuelvan los conflictos emocionales y no hay que entrar a discutir los materiales, que siempre son más peliagudos.

Y lo que se compra se ha de utilizar más veces: las ropas, libros y carteras de los hermanos mayores las heredan los menores. Y al McDonalds dos veces al mes, pero sin postre.

Lo importante, como en todas las cosas, no son los ejemplos, sino la categoría. Un concepto como el ahorro, que ya no se utilizaba entre las nuevas generaciones, ha recuperado de golpe toda su vigencia. Aunque esto ya son palabras mayores, no tan fáciles de practicar.

Al igual que la austeridad se aprende casi sola en la medida en que las circunstancias aprietan y uno ha de reducir el número de cigarrillos diarios, el ahorro, sin embargo, no entra por sí solo y necesita que se den algunos condicionantes para que se consolide. Lo primero, que los ingresos superen a los gastos. O que se aparte al principio de mes la cantidad que se estima necesaria ahorrar y después ajustar el consumo del mes a lo que el presupuesto restante nos permita con la ayuda de la nueva hermana descubierta, la austeridad.

La ventaja de esta nueva situación en nuestra vida es que hay un rearme moral, un redescubrimiento de nuevos valores. Enseguida empezamos a distinguir lo vital y necesario de lo superfluo y prescindible. Y si la vida nos aprieta lo suficiente, podemos llegar a un nivel de estoicismo revitalizante muy interesante, cercano al estado de santidad terrenal y al redescubrimiento de cosas y actividades que no recordábamos haber disfrutado. Ir al trabajo paseando, llevarnos la comida en la fiambrera, pasear después de comer o el sábado con la mujer para ir al cine, la playa pública en lugar del club de vacaciones, ir a buscar setas en lugar de esquiar, etcétera. Actividades olvidadas o poco frecuentadas y placeres escondidos y que se vuelven a saborear.

En definitiva, una vez se le ha cogido el gustillo al asunto, ya se trata de un simple ejercicio que sale solo y, ante cada acción no obligada, se puede elegir libremente entre hacerla o no hacerla o hacerla de una manera menos costosa y, sin embargo, igualmente placentera o útil.

La crisis financiera y la crisis real nos van a devolver los valores perdidos como remedio para los vicios encontrados. Y en este camino de perfección obligada que emprendemos, tenemos que saber muy bien: nuestro estado de salud y fuerza moral, los bienes y las habilidades que tenemos, las dificultades que vamos a tener que sortear y los aliados que nos van a acompañar en este largo viaje.

Ahora nos encontramos en una situación cambiante en que cada mes todo está mucho peor que un año atrás y con una nueva amenaza ante la puerta de nuestra casa. De nada o de poco sirven los parámetros que han decidido jugar a nuestro favor, como pueden ser la caída de los precios de la gasolina o la cesta de la compra o las mensualidades que se pagan por las hipotecas, pues no logran paliar la pérdida de valor de nuestras viviendas, la bajada de las nóminas por incentivos o salarios o la inseguridad en el puesto de trabajo.

Y hace falta mirar atrás para recordar y entender cómo hemos ido llegando de manera tan acelerada a esta situación que para nada nos hacía sospechar o temer las primeras noticias sobre las hipotecas *subprime* americanas. Pero todo empezó con ellas. Desde entonces, la secuencia de los hechos ha sido imparable y cada escalón ha provocado el siguiente en un tobogán hasta instalarnos de lleno en esta crisis inmisericorde en que todavía no empezamos a ver el principio del final:

1. Tipos de interés en EE. UU. muy bajos, por los suelos, al 1 %. Aunque los bancos aplicaban a sus clientes un diferencial importante sobre ellos.
2. Sobrevaloración del parque de viviendas en EE. UU. y exceso de hipotecas concedidas, muchas de ellas a gente sin ingresos, sin trabajo y sin patrimonio. Lo que Leopoldo Abadía llama ninjas (*no incoms, no jobs, no assets*).
3. Paquetización en forma de Mortgage Backed Securities (MBS) de las hipotecas concedidas a esta gente para obtener nuevos fondos en los mercados nacionales e internacionales.
4. Exceso de viviendas desocupadas y en busca de comprador en EE. UU.
5. Descenso estrepitoso del precio de las viviendas en busca de comprador y las ya ocupadas.
6. Las hipotecas *subprime* impagadas no tienen soporte suficiente en el valor conseguido con la venta de la vivienda.

En EE. UU., la hipoteca va con la casa, no con la persona como pasa en España. Allí, si no puedes pagar la hipoteca, le das las llaves al banco —efecto sonajero, lo llaman—, y que se quede con la hipoteca impagada y la casa para vender.

7. Las entidades dedicadas principalmente a hipotecas, como *Fannie Mae* y *Freddie Mac* (no es broma) y otras entidades más serias, como Citibank, Bearns Stearms, Lehman Brothers, AIG, Merrill Lynch, Washington Mutual y Wachovia se ven muy afectadas por esta corriente y se declaran en quiebra o muy dañadas por esta situación.

8. El gobierno de EE. UU. dice que va a comprar la cartera dañada de estas entidades (700.000 millones de dólares). Aunque luego rectifica y dice que va a comprarles cartera buena, siguiendo el buen ejemplo de Gordon Brown (R.U.) que a finales de 2008 tuvo que socorrer a algunas entidades, como el banco Northern Rock (poca rock) o vender a nuestro Santander el Alliance & Leicester. Y, más recientemente, ha tenido que apuntar al RBS (Royal Bank of Scotland) ante sus pérdidas billonarias. O Angela Merkel en Alemania, que ha tenido que socorrer al Hypo Real Estate y entrar en el capital del Commerzbank.

9. Los bancos supervivientes que tenían parte de estas MBS y se las han tenido que comer no se fían unos de otros porque no saben cuál será el siguiente en la lista de caídas internacionales por tener muchas hipotecas incobrables, muchas de estas MBS u otros títulos imaginativos en su nomenclatura, pero escasos en su consistencia.

10. El tipo interbancario a que se prestan dinero unos bancos a otros —Euribor— sube el año 2008 en demasía (5

y pico) y, en consecuencia, los pagos de las hipotecas de los europeos o españoles buenos pagadores también, por estar indexados con él.

11. Llega un punto en que la subida del euribor no es el problema, sino que no hay mercado interbancario, porque los bancos no se fían y los pocos ahorros que captan de sus clientes, en particular pensionistas, es escaso y se lo quedan para ellos.

12. Las empresas prestamistas al consumo que ofrecen financiación a tipos efectivos del 24 % y similares para compras de sillones, muebles, TV, coches, etcétera, y no están ligadas a un grupo bancario que les sigue aportando dinero tienen que suspender actividades porque no encuentran fondos en el mercado interbancario internacional.

13. La escasa liquidez que tienen los bancos la reparten a cuentagotas entre sus clientes que aportan garantías reales y necesitan financiación.

14. En todos los mercados, incluso el europeo y el español, las hipotecas son escasas, a pesar de que se venden menos casas, y soportadas no sólo por la vivienda, sino por una nómina y unos ingresos consistentes. Por ello, toda la población inmigrante que estaba soportando la pirámide inmobiliaria desde abajo se está viendo fuera de los circuitos de financiación y, por ello, del mercado inmobiliario. Y no digamos ya de la financiación al consumo.

15. Y las pymes tampoco tienen facilidades para la financiación de nuevos proyectos o circulante. Los bancos consideran que si se endeudan mucho en la compra de stocks para la siguiente temporada primavera-verano y luego no venden lo suficiente, después lo tienen que vender a precio de saldo y no pagan el crédito.

Y en esta fase del círculo vicioso seguimos después de un año en que el escenario cambiaba cada semana, pero a peor. El precio del petróleo ha pasado de los 150 $ a menos de 60 $, los países de la OCDE en recesión, Rusia en crisis total, con el rublo desvalorizado y el precio de sus principales fuentes de recursos –petróleo y gas– por los suelos. China con crecimientos muy bajos, cercanos al 5 %. Los tipos de interés en EE. UU. como en Japón al 0 %, R.U. al 1 % y Europa les sigue para situarlos al 1 %. La inflación cae imparable, incluso negativa, aunque sea por unos meses. Y los tipos de interés de referencia, Euribor, por debajo del 2 %, camino del 1 %. La crisis sin paliativos que hemos soportado este año 2009 se puede prolongar en 2010 y ya veremos si se cumplen las expectativas de mejora que anuncian algunos organismos internacionales.

Por eso, los bancos y cajas españoles, agazapados, conservadores, con resultados muy mermados por una morosidad creciente y con planes de salvamento anticrisis para ayudar a los que pasan por dificultades transitorias tienen una base suficiente para poder superar este trance.

Porque las hipotecas españolas no van ligadas solamente a la casa que las soporta, sino que es una deuda personal que va con la persona, y el efecto sonajero no se ha producido tanto como en EE. UU. Sólo algunos inmigrantes han regresado a su país y le han dejado las llaves del piso a un cuñado o pariente para que las devuelva al banco. Pero no ha sido masivo. De momento, aunque hay muchas hipotecas impagadas y los pisos embargados, las prioridades de los bancos siguen centradas en la morosidad, porque hay que controlarla y tratar de llegar a un acuerdo con el moroso para que pague como pueda y cuando pueda, pero que se anime y siga trabajando o haciendo chapuzas. El claim (eslogan) de «ganamos cuando usted gana» se ha transformado en «perdemos cuando usted no trabaja y no paga».

Por ello, hay que hacer lo que sea para ajustar los pagos a sus posibilidades, y ya le congelamos la deuda hasta que usted se rehaga, aunque con los correspondientes intereses no pagados. Todo en el congelador, pero lo que no interesa de ninguna manera es que se tenga que vender la casa y todos ejecutemos pérdidas y luego no consumamos y el tendero de la esquina tampoco pueda devolver la cuenta de crédito.

Principales actores en esta representación

George W. Bush

Bush tiene una historia maldita, y nos puede llevar mucho tiempo detallar sus miserias. Por eso, sólo me entretendré en destacar su faceta más marcada, el papel de gran bufón de la unilateralidad que trataban de imponer los neocons a nivel universal.

Porque en esta época pasada en la presidencia de EE. UU. siempre se ha tenido la sensación de que otros cocían el bacalao y Bush sólo hacía de maître que nos vendía la carta con su especial tronar de «oído cocina», pero nada más.

Cuando hizo las oposiciones a candidato según el manual que dejó su padre, le explicaron que sólo se trataba de leer bien los discursos con cara de creérselos, indultar al pavo de noviembre y subirse al helicóptero que lo lleva a Texas cada fin de semana no laborable. A veces algún extra en Afganistán, Iraq o en un portaaviones para anunciar el fin de la guerra en Iraq o la caída de Saddam Hussein, pero eso cobrado aparte.

Eso sí, todo con mucha convicción, como si se lo creyese y nos quisiese convencer que es lo mejor para el pueblo de

EE. UU., para los sajones y, si hace falta, para los europeos. Incluso para los españoles. Todo se ha de comunicar con frases cortas y sencillas de entender. Y pensamientos simples, como por ejemplo: «todos los terrorismos son una misma cosa». Y desde que les tiraron las torres gemelas ya tienen permiso para todo.

Y Bush impertérrito ante la enorme crisis que nos deja en herencia. Sale con paso firme ante el atril de la Casa Blanca y a largar el discurso que le han preparado sus colegas neocons. Acaban de sumirnos en la mayor crisis de los últimos 80 años e impasible el ademán.

No supo prever, controlar o habilitar a sus empresas para recibir la crisis financiera y económica; las guerras se iniciaron o inacabaron mal y se constató un mundo peor sosteniblemente hablando, un pobre legado para un hombre de tanto poder y tan largo de miras, según sus elogiadores interesados.

Porque las causas de los males terráqueos no son las pilas de mercurio de mi walkman, las botellas de plástico del agua mineral, ni los gases de tu desodorante, sino la explotación descontrolada de los océanos, los bosques y ríos, la industria pesada y la combustión de los minerales fósiles y los residuos industriales que no se han querido controlar por parte de los poderosos.

Ahora descubrimos que todo es una cuestión de confianza a nivel mundial, donde las cosas no valen por lo que son, lo que sirven o lo que duran, sino por lo que los otros pueden pagar por ello. Esto es como un gran mercadillo de regateo y segunda mano en que las cosas no tienen un valor intrínseco, sino que valen según la cara del comprador. Ya se sabe que «la cara es el espejo de la cartera de cada uno» y viceversa.

Y los compradores globales tampoco pagan por lo que las empresas o los países valen o producen, sino por las expectativas futuras. Lo malo es que las expectativas no son tangibles, sino eso, expectativas. Y de la misma manera que nacen, crecen y se desarrollan como un globo (burbuja), se pueden quedar en nada si ese globo se pincha o simplemente se desinfla. Y no vamos a abusar de las metáforas o los ejemplos, porque, como dice un buen amigo, Ricardo: «los ejemplos se vengan». De la misma forma que sirven para explicar una hipótesis, podríamos darles la vuelta y demostrarían la contraria. Además, somos gente inteligente y los ejemplos parece que se ponen para ayudar a la inteligencia del oyente, pero muchas veces les resultan insultantes y lo único que demuestran es la pobreza de los argumentos del orador.

En la medida en que toda la riqueza se basa en intangibles, de los cuales sólo una mínima parte se materializa en tangibles como la tierra, las casas, los coches y el jamón de pata negra, por poner un mal ejemplo español, los números que soportan esta inmensa riqueza han perdido su vistosidad. Y todos los ricos del mundo son este año mucho menos ricos, según ha dicho la revista *Forbes*.

Y los pobres que sólo tenemos la casa, el coche, la mujer y la hipoteca nos encontraremos con que las dos primeras piezas valen menos, la hipoteca minusvalora igual y la mujer sigue siendo nuestro tesoro más preciado y valioso.

Por eso, los más ricos del planeta son, o eran, Bill Gates, que se ha convertido en el facilitador de toda nuestra vida y nuestros trabajos a través de los sistemas operativos de nuestros ordenadores, y Warren Buffet, un financiero, inversor o especulador. O la mujer más rica de Reino Unido es una escritora, J. K. Rowling, la autora de Harry Potter, *Enriquito, el potero* primo de otro de los ilustres del Reino Unido, Johny Walker, *Juanito, el andarín,* nombres corrientes pero universales y agradecidos con sus inventores.

¿Y dónde están los dueños de las grandes mineras, empresas de automóviles o petroleros? Arruinados. Porque mientras se valoraban las cosas por lo que pesan, sirven o duran iban bien. Pero en cuanto todo se empezó a valorar por lo que representa o por lo que se puede especular con ello, como el petróleo, el oro de los ricos, o el arroz de los pobres, a subir como la espuma.

Pero cuando todo ha vuelto a la consistencia de lo tangible y ha desaparecido el humo que las sustentaba, estas cosas se han quedado con lo que son y valen cuatro euros. Hasta los árabes de los petrodólares son ahora menos ricos.

En este mundo de los intangibles donde vale más una marca de refrescos insustanciales que los campos de las mejores naranjas para zumo, las cosas no se valoran por lo que son, sino por lo que representan: la chispa de la vida, la generación X, no podrás vivir sin él, hacerlo inolvidable (un momento) es cosa tuya. Humo, humo y humo. Nos venden humos y compramos simbolismos.

Con la moda de dar la vuelta a las cosas, resulta que el refresco que se inventó como un buen jarabe, alimenticio y casi con propiedades curativas o, por lo menos, vigorizantes, ahora es la causa de la mitad de todas las gorduras mórbidas. De la otra mitad son culpables las hamburguesas basura y las tortitas de maíz. Por eso hemos tenido que hacer *lights* los refrescos y los alimentos –menos el jamón pata negra–, para hacerlos 0,0 o acalóricos.

—*Y Bush ¿es el culpable de todo esto?*

Por lo menos, la mitad. Nos había vendido que el liberalismo era el sumum, la transformación del aire (humo) en oro, y así era. Pero cuando se ha querido dar cuenta, ha visto que no tenía nada entre las manos y se ha quedado persiguiendo en el aire pompas de jabón. Desmoralizador.

Para él, no es problema porque se ha ido a descansar a su rancho de Texas, para dejar que el mundo siga girando y dejarse llevar por la inercia de los demás. Pero los que tenemos que seguir amarrados al piso hipotecado de nuestras penas hemos de esforzarnos un poco más todavía. Y si no nos toca parte de la deuda con que ha de apechugar cada contribuyente americano, algo nos tocará del reparto que nuestras autoridades económicas tengan a bien hacer con la deuda pública en que incurramos los españoles o los europeos.

Barack H. Obama

Barack Obama, después de casi un año de mandato, sigue dando sensación de trabajador. Debe ser porque es negro –símbolo quintaeséncico del trabajo–, pero es así.

Aunque la simbología mítica de Nueva York se mezcla en nuestra cabeza con imágenes y canciones intemporales: «New York, New York», la imagen de Obama no. Se está haciendo indeleble. Cuando acuñen una moneda con su efigie, lo harán con la imagen que todos ya tenemos en mente. Un negrito pelón y peleón, de perfil, recién afeitado y mirando al futuro con esperanza.

Por eso, esperamos que los dioses –hay tantos como personas agnósticas somos– sigan iluminando sus pasos y nos saque de esta papeleta tan gorda que le testamentó Bush. El gran bufón quiso apretar las tuercas a su país para que pensasen «après moi, le déluge», pero se le fue la mano y nos metió a todos los pasajeros de este transatlántico llamado globalización en una crisis sin rumbo de la que nos parece inimaginable cómo hemos entrado, y lo que es peor, nadie sabe cómo sacarnos.

El negrito Obama, que es la reencarnación de la buena fe, ha pasado en un año de los mensajes mesiánicos prestados:

«yes, we can» a los más prosaicos que podríamos expresar en catalán como: «farem el que podrem», «haremos lo que podamos». Pero casi todos hemos apostado nuestro saco de oraciones a su inteligencia, entendimiento y voluntad. Aunque el saco de las ilusiones se nos ha quedado vacío, y el de los dineros, roto. Con un agujero descomunal por el que se han escapado el salario, los ahorros, las inversiones y las plusvalías de la casa o los planes de pensiones. A cada uno, el motor de nuestros sueños. Y sólo nos han quedado la tarjeta de crédito agotada y la herencia de nuestros hijos: la hipoteca eterna.

Y esto, Obama no lo va a remediar porque bastante tiene con sedimentar los edificios sólidos que tiene a punto de caerse, los bancos, las aseguradoras y los grandes del automóvil: Chrysler, GM y Ford. Claro, diréis al leer este nombre: «con este apellido era fácil dedicarse a los automóviles y triunfar».

Pues lo mismo le va a pasar a Obama, que su nombre predestina su trayectoria. Y cuando vaya algún otro negrito menos visionario que él a grabar su nombre en piedra en la lista de presidentes de EE. UU., se quedará con la boca abierta de admiración por los allí inscritos y pensará:

George Washington: «nombre de presidente».

Franklin Delano Roosevelt: «nombre de portaviones».

James Earl «Jimmy» Carter, Jr: «productor de cacahuetes-peanuts».

William Jefferson «Bill» Clinton: «perversor de la Lewinsky».

Y cuando se le cierre la boca, mirará el papelillo que le han dado con el nombre del nuevo: Barack Hussein Obama Jr. Moverá la cabeza y musitará entristecido: «*mucho va a tener que trabajar para conciliar los intereses de tanto lobby y poderes fácticos como hay en este país*».

Obama se ha convertido en un valor reencontrado que incluso antes de empezar ya nos había hecho creer en la política globalizante con sus primeras promesas y buenas intenciones: salida de Iraq, cuando se pueda; cierre de Guantánamo, cuando hayan despachado a sus reclusos; soporte de la industria automovilística, en la media que se pueda; y la Hilary con su marido y sin becarias, a recorrer el mundo.

La mujer de Obama, Michelle, parece bastante instruida y bien aleccionada sobre el papel que ha de representar: primera dama de EE. UU. La nueva Jackeline en negro. Que de momento ha puesto un huerto en la Casa Blanca y le ha comprado un perro a sus niñas, como George W. tenía el suyo. Y lo que es más ilusionante es que las niñas podrán corretear por el nuevo chalet a placer y hacer allí sus cabañas y perseguir al pavo del día de Acción de Gracias antes de indultarlo o que lo plastifiquen para que su papi se haga una foto con los pobres del barrio u otros que le traigan como figurantes para la foto, como George W. se las hacía con los soldados de Iraq.

Todo es puro teatro. Pero es que las cosas del mundo de la imagen en la alta política, como todo en la vida, ya sabemos que no son ni valen por lo que son, sino por lo que parecen.

Hillary R. Clinton

Cuando salía Hillary en los mítines electorales, como ahora, cuando viaja por el mundo entero, siempre se tiene la sensación de que es una dama endomingada —aunque sea martes—, recién salida de la peluquería y a punto de tomar el té con sus amigas en el Hotel Plaza de Nueva York, después de haber desayunado sin diamantes en Tiffanys con Audrey Hepburn justo al lado.

Por cierto, Hillary resulta una dama muy interesante que, además de endomingada en martes, es una mujer de armas tomar, con las ideas claras y las emociones controladas. La señora se leyó el libro de Daniel Goleman de cabo a rabo y aplica lo de la inteligencia emocional a rajatabla. Que le hubiera cortado los levinskys a Bill por lo del puro y ponerle el traje perdido a la becaria, pero, no procede porque no es emocionalmente inteligente. Se abronca a Bill en privado, se le cortan las alas en lugar de lo otro y se le ata corto a la pata de la mesa del despacho oval y sin becarias. Ni puros habanos, que «los carga el diablo»

Cuentan una anécdota de Hilary que es muy ilustrativa: «Iban los dos, Bill y ella, cuando ya eran presidentes, a su estado, Arkansas, en viaje privado —o sea, con su coche blindado y sólo 20 coches de escolta y avanzadilla—, cuando pararon en una *pretrol station* a poner gasolina. Hilary salió al lavabo y a estirar las piernas y al volver, antes de subir al coche con Bill, se entretuvo en saludar muy calurosamente a uno de los gasolineros, y al despedirse, le dio dos afectuosos y amigables besos.

Al entrar en el coche, Bill, extrañado y cansado de esperar, le preguntó por el sujeto en cuestión y la calurosa despedida. Y ella le aclaró: «Era un novio que tenía en la *Faculty,* cuando empecé a salir contigo». Pero, se extraña Bill: «tanta efusión con un gasolinero». «*Well* —le dice ella—, porque yo te escogí a ti, pero si no, seguramente él sería ahora el presidente de EE. UU.» Ilustrativo.

Y es que las mujeres emocionalmente inteligentes, si se lo proponen, lo hacen a uno presidente, aunque sea de su escalera.

Y en Europa

Cinco son los actores que vamos a destacar:

Gordon Brown, por los planes de soporte a la banca inglesa, necesitada de ayudas y muletas a destajo y cuyos planes han copiado y seguido en EE. UU. Tony Blair lo dejó de sustituto con el país perjudicado para dar conferencias millonarias sobre la superficialidad de la vida y, poco a poco, se ha consolidado en el mando y las riendas del Reino Unido mientras su realeza holgazanea en Balmoral.

Angela Merkel, por ser la jefa de la nación más poderosa y productiva de Europa y la que a la chita callando —nunca ha dado una mala voz fuera de casa—, ha socorrido también a sus bancos en apuros por tener más hipotecas incobrables de las soportables y ha puesto a los alemanes en hora para que tiren del carro europeo como única solución para que los demás países podamos ir detrás, aunque sea empujando un poco.

Nicolas Sarkozy, por ser un «inventos» y por haberse ligado —o viceversa—, a la cantante más sexy y cantamañanas del panorama europeo. Además, ha demostrado ser un buen amigo de España al llevarnos a las cumbres del G-20 y ayudarnos en la lucha contra ETA.

Jean-Claude Trichet, presidente del Banco Central Europeo (BCE), que es el responsable de velar para que nuestra inflación no se desboque, aunque ahora amenaza deflación, vigilando de cerca el crecimiento económico (PIB), controlando el dinero en circulación y el tipo oficial del dinero.

Y *Joaquín Almunia*, por ser español y comisario europeo de la materia y tener la capacidad intelectual para decir las cosas como son y plantearnos la crisis en toda su crudeza, cuando otros más cercanos nos la radian con sordina y con pereza u otros la magnifican.

Y de España no mencionamos a ninguno porque ya todos los conocemos en sus papeles tradicionales y mencionarlos sería meterse en política. Además, pocas enseñanzas vamos a sacar de ello para incorporar a nuestro acerbo personal que nos pueda ayudar a salir de la crisis sin dejarnos muchos pelos en la gatera.

Otros actores de esta tragicomedia

El euro

El euro acaba de cumplir diez años sin que nos demos cuenta porque lo hicimos nuestro desde el principio. Ahora ya entendemos el valor de las cosas sin que sea necesario traducirlo en pesetas, entre otras cosas porque de nada nos sirve pensar que el valor de una casa es de 120 millones de pesetas, porque a la única conclusión que nos lleva es que nuestra querida peseta no valía nada. Todos éramos millonarios y miserables a la vez.

Por lo menos, ahora nos reconfortamos pensando que esa casa de 700.000 € serían un millón de dólares. El dólar no podemos decir que no vale nada, pero vale menos que nuestro euro y, además, estamos a punto de alcanzar a la libra. La orgullosa sterlling pound inglesa.

Y ha cobrado sentido la panacea de ser millonario, y, en términos estrictamente financieros —aparte de la vivienda—, sólo lo son unos pocos afortunados. Nunca mejor expresado, sonreídos por la Fortuna.

Dicen los economistas, al contrario que nosotros que creemos que el euro sólo nos ha traído incrementos en los precios de las cosas cotidianas, que ha sido el paraguas que nos ha protegido ante esta crisis. Si no tuviéramos el euro y estuviéramos protegidos por el BCE (Banco Central Europeo), estaríamos con tipos de Interés de dos dígitos (10-12 %) y devaluando la peseta como medidas necesarias para cubrir y financiar nuestro déficit exterior, que es el segundo más grande en términos absolutos del mundo, tan sólo por detrás de EE. UU.

Y es que los españoles, como los americanos, consumimos del exterior más que vendemos y hay que financiar ese déficit acudiendo a los países que como Alemania se fiaban de nosotros y querían hacerlo a buen precio. El problema nos lo encontramos ahora, cuando los mercados exteriores de financiación se han cerrado y no tenemos donde acudir, o a unos precios mucho mayores. Y ésta ha sido uno de los pilares en que se ha soportado nuestro crecimiento y prosperidad de la última década prodigiosa junto al sector inmobiliario y a los inmigrantes.

Como estos conceptos pueden ser difíciles de entender e imposibles de manejar mentalmente podemos asimilarlo al ejemplo de los Arnau.

Los Arnau son una familia modélica que, como la mayoría de nosotros, tiene una casa que había aumentado de precio de manera exorbitante, con una hipoteca controlada y con un negocio de pastelería a pie de calle. Por ello, no tiene miedo a consumir por todo lo alto y, aunque gana mucho, tiene la tarjeta de crédito a tope y aumentando límites cada año.

Y todo esto en una rueda creciente en que el saldo es positivo porque la casa ha seguido valiendo cada año un poco más, muy por encima de sus excesos de consumo.

Además, para incrementar la productividad de la pastelería han contratado a dos inmigrantes, mano de obra barata e incluso puede que cualificada. Una rueda de la fortuna en miniatura que les daba para veranear en las islas más lejanas, esquiar en las montañas más altas e imbuirse en los más profundos placeres.

Pero ahora la rueda de la fortuna, después de unos meses de girar más lenta, muestra agotamiento y amenaza con pararse. Porque la vivienda ha empezado a desvalorizarse, aunque aún está por encima de lo que se compró, el doble, y por encima de la hipoteca. La pastelería vende menos porque algunos vecinos del barrio que trabajaban en la construcción, empresas automovilísticas o concesionarios se están quedando sin trabajo, y por ello, sus ingresos han disminuido de manera alarmante, y han tenido que despedir a uno de los dos inmigrantes que tenían contratados. Pero su consumo de veraneo, esquí y otros placeres, aunque ha disminuido, sigue siendo superior a sus ingresos, con lo que la tarjeta de crédito del banco ya no da para más.

Pues una situación parecida ha pasado en nuestro país.

Y la solución que se apunta para nuestro país son reformas estructurales que aumenten la productividad como en el caso de los Arnau:

Los Arnau necesitan que la pastelería rinda más. Para ello necesitan maquinaria más moderna y costosa. Como el barrio no da más de sí, para vender más croissants y pasteles tienen que buscar otros mercados exteriores en otro barrio, e incluso en otra ciudad. Y, a lo mejor, la familia del dueño, que vivía adorando a la tarjeta de crédito, tiene que ponerse a trabajar en la pastelería, la mujer detrás del mostrador y la hija, Montse, a desarrollar la expansión por otros barrios y a otros tipos de clientes, como bares y restaurantes.

Pero el pastelero no puede afrontar todo esto con los instru-
mentos que tiene ahora y pide subvenciones, que se abra de nuevo
el grifo de la financiación bancaria, y que si vuelve a emplear
a un inmigrante o más en el futuro, tenga libertad o bajo coste
para despedirlo cuando el consumo vuelva a estancarse otra vez.

Pues ésta es la metáfora del pastelero Arnau y la paradoja de nuestro país.

Fortalezas de nuestro país y del pastelero ante esta situación, que la deuda pública –la hipoteca– no es muy elevada y podemos echar mano de ella en la medida en que sea necesaria.

Y en el caso de nuestro país, además, que estamos en una moneda fuerte –el euro–, lo que abarata nuestras importaciones de tecnología y energía, pero encarece nuestras exportaciones.

Los bancos

A los españoles nos ha pasado con los bancos como con otras cosas más íntimas, «que las sufrimos en silencio». Entre los españoles no es habitual hablar de dinero, sobre todo cuando lo pierdes. Por ello, no nos hemos enterado de todos los familiares o conocidos que han visto afectado su patrimonio financiero por los fondos de inversión, que han reducido su patrimonio a la mitad; los planes de pensiones, ahora con una parte invertida en renta variable y por ello minusvalorados, o las carteras de acciones que resbalan cada semana por la cuesta imparable del Ibex35.

Porque la pérdida de valor de nuestras casas es un hecho común y ya hemos aceptado en silencio que somos más pobres patrimonialmente hablando. Pero es una especie de convencionalismo en cuanto que todos somos más pobres en la misma proporción, lo que no es traumático si no tenemos la hipoteca que lo remarca. De la misma manera que el efecto riqueza de la subida despiadada de la vivienda nos hacía creernos más ricos y, por ello, consumir más o endeudarnos sin miedo, ahora es muy posible que la desvalorización de los inmuebles recorte nuestro consumo y acelere nuestras ganas de ahorrar.

Normalmente, el consumo está más directamente relacionado con los ingresos mensuales o anuales, pero también es posible que este recorte de valoración (expectativas) de nuestro patrimonio inmobiliario modifique nuestro comportamiento en este sentido. Querremos ahorrar para el día de mañana cuando se reduzcan nuestros ingresos por la jubilación y para mañana por si los ingresos inmediatos también disminuyen.

Pero los bancos –aparte de los que sujetan la horca de los hipotecados– están siendo en muchos casos los causantes de las pérdidas financieras y, en otros, el testigo mudo de las mismas. De cualquier manera, invitados incómodos y desagradables en esta comedia de nuestras penalidades.

Y, sin embargo, ellos siguen ganando mucho dinero, aunque menos que el año anterior, y siguen repartiendo dividendo para el descontento de sus accionistas, pues las acciones valen bastante menos que hace un año y, ante tal panorama, los dividendos son menucias que no contentan a nadie.

Pero el mayor reproche que se les hace en estos momentos de crisis es que sus recursos no están llegando todavía a la gente en forma de préstamo o cuentas de crédito, y las pymes se están viendo paralizadas en sus actividades empresariales. Y el poco crédito que llega es en unas condiciones muy estrictas y con unos tipos de interés muy elevados.

Porque el tema es un círculo vicioso difícil de romper y hacer girar en sentido contrario. Y todo empieza con las famosas hipotecas *subprime*, que ya todos hemos hecho habituales en nuestra retórica anticrisis como principio de todos los males. Y la verdad es que es así, por lo menos en este caso de la liquidez de los bancos.

No insisto en la concepción y la materialización de las hipotecas *subprime* que ya hemos comentado, y su titulización en forma de MBS (Mortgage Backed Securities) que habían suscrito un gran número de bancos de muchas partes del mundo y como consecuencia de la bajada estrepitosa del valor de las viviendas en EE. UU., se desencadena esta bola de nieve de consecuencias todavía imprevisibles que se continuarán materializando en los próximos meses.

Pero éste es el escenario en que tenemos que actuar todos juntos y las entidades financieras –bancos y cajas– han de ser los comparsas que nos han de acompañar cuidando nuestros ahorros, proveyendo medios de pago ágiles y facilitando los recursos necesarios para nuevas inversiones.

La paradoja de la vivienda

Cuando las viviendas subían como la espuma –pompas de jabón–, se trataba de pasarse las casas de unos a otros como las pañoras, hasta que han tocado el pito y los últimos que nos las hemos quedado –¿no tienes tú, una?– podemos aguantar su depreciación con estoicismo si no tenemos hipotecas que la amenacen, y con desesperación si la hipoteca eterna –a 30 o 40 años–, se ha comido ya la parte del ahorro que pusisteis en la operación.

Es el caso de Octavi y Julia, una pareja que llevaba cinco años casados, padres de dos niños, y que pusieron 50.000 € hace dos años para comprar un piso en un barrio de Madrid. Tiene una hipoteca de 180.000 € en un piso que les costó 210.000 € más 20.000 € de gastos.

Por suerte, ambos mantienen el trabajo y pueden seguir llevando los niños a la guardería y al colegio, pero si les fallase el trabajo y tuviesen que vender el piso, ahora no les darían por él más de 170.000 €, con lo que no podrían ni cancelar la hipoteca y todavía deberían 10.000 €.

La rentabilidad de la operación en dos años es que pusieron 50.000 € y ahora deberían 10.000 €. Un desastre financiero y familiar.

Y si por el pisito les diesen 180.000 €, justo harían las paces para encontrar alguien que se quede con el sonajero y ellos volverían a ser espíritus libres: sin ahorros, sin hipoteca y sin pisito.

Como al menos tienen salud, lo que digo, espíritus libres y la calle para correr y, con suerte, la casa del suegro para vivir ellos y los hijos.

El que tiene abuelos o un suegro con casa tiene un tesoro.

Porque lo normal es que el suegro comprase la casa hace 30 años y no tenga una hipoteca asesina, no haya invertido en Hedge Funds y tenga una pensión amigable.

Sólo os queda el coche, aunque necesita una revisión para aseguraros de que os va a durar otros seis años o más, porque no es momento de endeudarse para cambiarlo, aunque se tengan garantías o avalistas.

Los bancos españoles son el ejemplo y la envidia del mundo entero, como nuestro sistema de seguridad social y pensiones. Aunque estas últimas necesitan retoques que las hagan sostenibles a largo plazo, lo que quiere decir que los cotizantes sigan cotizando igual y los que ya lo hemos hecho durante muchos años estemos dispuestos a jubilarnos más tarde y cobrar menos. Menos los empleados de los bancos, Telefónica, las Eléctricas y los Astilleros, que los siguen prejubilando a los 55 años.

La buena noticia para Octavi y Julia es la caída imparable del Euribor, que de diciembre de 2007 a diciembre de 2008 bajó del 4,792 % al 3,452 % y la cuota mensual que pagaban, de unos 970 € les bajó 140 € en enero. Si sus ingresos han disminuido en gran cuantía, seguramente, la entidad financiera, en uno de esos planes misericordiosos de rescate para los hipotecados atrapados por la crisis, les habrá ofrecido pasar de los 30 a los 40 años para que sus hijos puedan un día heredar con comodidad piso e hipoteca. Y los pagos les bajarían 250 € entre la bajada del Euribor y el aumento de plazo. La hipoteca ganga que reduce los pagos mensuales, aunque aumenta el pago total al final de los 40 años. Y como a lo largo de 2009 el Euribor ha seguido bajando hasta tipos por debajo del 2 %, los pagos a 40 años le bajarán en enero, otros 200 € y la hipoteca mágica se les quedará con unas cuotas finales de unos 520 € mensuales.

¿Quién da más?

Por eso tú, a poco que puedas, amárrate a la hipoteca y a tu pisito como única tabla de salvación para salvar tu patrimonio y seguir en el mundo de los propietarios hipotecados. Pero si abandonas la tabla salvavidas, tanto si te conviertes en un espíritu libre o quedas endeudado en 10.000 €, tienes que volver a empezar e imagínate lo que te va a costar volver a tener tu pisito.

El «casado casa quiere», dice el refrán popular, pero, «sin horca», podríamos añadir.

La familia

La familia está saliendo reforzada con la crisis porque es el núcleo básico en el que vamos a poder resolver casi todas las penurias que la crisis económica nos está echando encima. Y, cuando las entidades financieras no puedan acompañarnos en nuestro penar, la familia ha de ser nuestro baluarte defensivo.

Y, en muchos otros casos, parejas que se llevan a matar de una manera soportable y no tienen dinero para separarse tienen que convivir a la fuerza hasta que la suerte en forma de salarios les vuelva a sonreír y la hipoteca no les quite el sueño.

Ya que una separación conyugal debe ser cara y costosa porque se eliminan las economías de escala y se acentúan las deseconomías de gama. Doble casa y doble habitación para el matrimonio y los hijos. Doble abogado, doble dentista y así sucesivamente. Un desastre.

Además, cuando los bancos no responden a las necesidades financieras de los jóvenes y se cargan los ahorros de los mayores en forma de fondos de inversión o Hedge Funds es la familia de cada uno la que tiene que responder y cubrir sus necesidades no sólo afectivas, sino también pecuniarias.

Todos los manuales de supervivencia ante la crisis señalan como principal punto de soporte a la familia. Cuando tus inversiones se desvanezcan, tus propiedades se desvaloricen o los bancos no respondan a tus peticiones, la familia ha de ser tu principal punto de soporte financiero y emocional. O cuando tu hipoteca a 30 años se convierta en vitalicia y se instale en el cuarto de invitados para 50 años.

Por el contrario, las rentas de los abuelos se han hecho temporales porque las entidades ya les sugieren que se hagan con una renta vitalicia al realizar el plan de pensiones o la hipoteca-pensión, pero, como están empeñados en bienvivir hasta los cien años, y la esperanza de vida de la tercera edad aumenta cada lustro, la teta de la vaca sagrada no da para tanto y, ante las rentas miserables que les ofrecen, prefieren adoptar una renta temporal.

Cuando los libros de autoayuda te hablan de un mundo feliz, piensas en un hogar con sólo la pareja y los abuelos que se ocupen de la cocina y la casa, aunque les hicieseis vosotros la compra. El paraíso permitido en la Tierra.

En muchos otros casos, el sueldo de la mujer vuelve a ser fundamental en la economía del hogar, sobre todo cuando el del marido se estanca o disminuye. Mujeres que trabajaban media jornada para atender al hogar y a los hijos piden el regreso a la jornada completa y pasa a ser el marido el responsable del cuidado de los hijos y del hogar.

Si todos los euros que gastamos no valen igual, los euros que se ingresan como los que se ahorran sí lo valen. Vengan del trabajo de la esposa, del marido o de los hijos, que sólo querían dedicarse a estudiar y a los forochats, y con unas clases particulares, o los fines de semana como repartidores de pizzas pueden pagarse el seguro de su cabeza, que por ir en moto es un bien preciado y caro de asegurar.

Y decía que los euros gastados no son todos iguales porque no tienen la misma elasticidad los gastos en agua del hogar que en la compra del periódico o el almuerzo en el bar. ¿Sabías que el coste mensual de agua en el hogar de cada miembro de una familia de cuatro personas cuesta unos 10 €? ¿Y la compra diaria de un periódico unos 40 €? ¿Y el desayuno en el bar unos 100 €?

Si te pones a estirar para sacarles un ahorro, verás que no todos tienen la misma elasticidad, pues es muy fácil sacar 10 € al mes del desayuno diario en el bar e imposible en el consumo de agua doméstica. Y, sin embargo, como ahorro, todos valen lo mismo. Aunque como dice mi cuñado **Vicente**: «el perro que no engorda comiendo no engorda lamiendo». Pero no le hagamos caso, porque es aquí donde está el quid de nuestra nueva etapa de probidad y aprovechamiento.

Pero, ¿y el tabaco? El tabaco es cosa aparte, pues es la causa de la mitad de nuestros males y una fuente de gastos importante. Cajetilla y media de tabaco al día puede salir por unos 150 € mensuales. Y 1.800 € anuales. ¡Unas vacaciones de primera en Alicante! ¡O dos pagos de la hipoteca!

La familia vuelve a ser el núcleo de supervivencia y unión. Los abuelos no se pueden jubilar de su papel, los padres no se pueden independizar y los hijos no pueden emanciparse y viven todavía en el hogar porque los bancos ya no les prestan y las novias cariñosas ya no los quieren para vivir la vida a su manera.

La generación del medio

Los que tenemos entre 40 y 60 años somos la «generación del medio» que nos hemos pasado media vida como hijos tratando de satisfacer y dar sentido a la vida de nuestros padres y ahora llevamos otra media tratando de encauzar la vida de los hijos de una manera bastante responsable. Nacidos en la década de 1960, aquellos años de desarrollismo salvaje que nos trajeron el progreso a través de la televisión y el seiscientos. Éramos de familias humildes y nos criamos en un barrio urbano de clase media. Pobres, pero honrados, y limpios como los chorros del oro.

«Robert es un buen amigo de la infancia y, al igual que yo, pertenece a esta generación del medio y estamos en esa edad intermedia de la vida en que uno ya acumula cierto cansancio

vital por lo que ha vivido, aunque todavía quedan ganas de vivir otro tanto más. La vida nos ha pillado en medio, a caballo entre siglos.

Robert es el perfecto separado, que se había casado con Maite, su novia de toda la vida. Se conocieron a los 16 y se casaron a los 23, cuando ella vio que Robert era un hombre de bien y, al terminar empresariales, se colocó en un banco. Una pareja feliz que crió a sus dos hijos, hijo e hija, en armonía y mantenían una convivencia aceptable.

Robert era respetuoso con su familia. Se preocupaba por su bienestar y que no les faltase nada. Educaba a sus hijos en el respeto a los demás y esta naturaleza caduca y amenazada que hemos heredado.

Robert siempre ha sido muy positivo, incluso ahora que está felizmente separado y se ha pasado los fines del último lustro llevando a Cinesa a sus dos hijos, cumpliendo con el estereotipo de perfecto padre separado. La jueza les concedió la custodia compartida, de manera que Maite los educase, cuidase, y alimentase a diario, y Robert ya los llevaría a Cinesa los sábados para que se reencontrasen con sus compañeros de colegio, viesen las mismas películas y, después, los lunes no se sintiesen desplazados.

Nuestra juventud nos pilló a la vuelta de la modernidad, después de haber visto cómo nuestros hermanos mayores se perdían en un hippismo trasnochado e inútil. Nosotros arrancamos con la revolución del 68 y ya tuvimos fácil el acceso a la universidad de los pobres en que todos terminamos por lo menos con una diplomatura y algo de inglés, pero sin saber nada. Por eso inventaron los master y los *degrees* americanos para los ricos.

En lo personal y familiar hemos salido muy prácticos. Casados bastante pronto y emancipados de los padres pero con cierta nostalgia por la soltería irrenunciable. Porque las mujeres nos cambian el paso cada dos por tres y no hay manera de seguirlas. A los hombres de mediana edad nos tienen confundidos y no sabemos cómo actuar con ellas. Estamos desorientados.

Ellas nos acusan de que quisiéramos que no cambiasen porque nos gustaría que mantuviesen siempre la frescura, belleza y lozanía de los 26 con que las conocimos. Pero ellas quieren cambiarnos a nosotros de arriba abajo y se pasan la primera etapa de casamiento confiadas en poder modelar a su gusto al novio de sus sueños, porque han visto en él maneras y un fondo escondido que ellas pretenden aflorar para convertirlos en maridos aceptables. Y en la segunda, cuando ya se han metido en hijos, entre la crianza, los Dodotis, la guardería y los resfriados de sus hijos, no están para esas aventuras y misiones imposibles.

La generación del medio fuimos unos buenos hijos, unos novios convencionales y, quizá, unos esposos sólo aceptables. Pero con los hijos nos estamos esmerando de nuevo. Y de la misma manera que supimos aliviar a nuestros padres de nuestra carga financiera con nuestra temprana independencia económica, ahora hemos de ser el soporte financiero de los hijos para facilitar su independencia.

Hedonismo

Somos una generación de hedonistas frustrados porque antes de disfrutar nos lo hemos tenido que ganar todo. No vale con decir que los niños ricos y las jóvenes herederas son los únicos que disfrutan de verdad. Todos ellos y ellas no saben disfrutar. Tan sólo ponen cara de ello para salir en las revistas y que los vea papá creyéndose que son unos transgresores porque se pasean por Mónaco en yate con un jugador de fútbol italiano o un gigoló internacional mal afeitado y con cara de mal dormido.

Pongamos por caso Andrea, el hijo de Carolina de Mónaco. ¿Creéis que se lo pasa bien cuando va con cara de desganado por Ibiza en verano? Se aburre de narices y ni sabe a qué playa ir ni en qué «disco» va a malgastar la noche y la madrugada, ni dónde va a merendar al día siguiente cuando se levante. Para acordarse de la chavala con la que empezó la noche y con la que terminó al mediodía tiene que esperar a que salgan las revistas y ver las fotos de los paparazzis –seguro que lo he escrito mal–, o le llame su madre para contárselo.

Ya habéis visto que esto va con mala baba y en defensa de clase, contra los que se lo llevan sin habérselo ganado. Por la cara y la tarjeta de papá o mamá.

Para disfrutar, por ejemplo, de una buena comida, antes hay que habérsela ganado. Si no, no sabe igual ni apetece acompañarla de un vino de crianza regular. Los que somos de orígenes rurales –la mayoría–, nos hemos criado así y en ello seguimos, en la cultura de la consecución como fase previa al disfrute.

Después de buscar nuevas religiones que diesen respuesta a nuestras inquietudes conceptuales, algunos nos hemos apuntado de manera tardía al hedonismo como tabla de salvación. Pero no sabemos disfrutar sin antes acallar nuestras conciencias pesarosas y ganarnos lo que vamos a disfrutar. Como no creemos en los delitos ecologistas ni en que nos estemos cargando el planeta por el poco desodorante que usamos ni con las pilas que gastamos en el walkman oyendo a los Stones tenemos que acallar nuestras conciencias ganándonos antes lo que después vamos a consumir. Por cierto, éstos, los Stones contradicen todas las reglas y principios del buen hedonista que acabamos de aceptar.

Se levanta una tarde Mick Jagger con mala cara de la siesta —aunque esa cara la llevan siempre puesta—, y le dice al otro, Keith Richards, porque la última rayita no le ha dejado buen cuerpo: «I can'n get not, satisfaction», le pone el otro unos acordes, también bajo los efectos de una siesta mal echada y hasta ahora. Considerada la mejor canción de todos los tiempos modernos. Del siglo pasado, pero, modernos.

Otra de las tardes que se levanta también el mismo Mick de otra mala siesta y ve al lado a la tipa que no le ha dejado dormir y le suelta con desgana: «Angie, angie, cuando desaparecerán todas estas nubes?». En inglés y con un solo interrogante, porque la otra no sabía nada de nubes, sólo de clouds. Otro hit intemporal. Aunque en éste se las tuvo que apañar solo con la Angie y la guitarra para poner él mismo los acordes porque Keith no se había levantado todavía.

Éstos, de trabajar antes de disfrutar, nada de nada. Lo primero que hizo Mick antes de grabar el primer disco fue sacar la lengua reseca por una mala dormida y hasta hoy, millones de pegatinas, camisetas, mecheros. Un icono de estos tiempos caóticos que nos ha tocado transitar entre siglos.

No es que ellos sepan disfrutar de nuestra insignia nacional, la siesta, sino que siempre se levantan a esas horas. Los días que se levantan.

Pero el resto de los mortales que disfrutamos nos tenemos que acoger a la primera regla del buen hedonista: *ser grandes trabajadores.* Después, tu tortilla de patatas y tus lomos, como cuando íbamos al campo a segar, y una buena bota de vino. Pero antes ha habido que ganárselo para disfrutarlo a conciencia con los seis sentidos.

—*¿Al campo a segar y con los seis sentidos?*
Es una metáfora. Ya sabemos que de mi generación para atrás no hemos estado en ninguna siega de verdad, pero ésta es una obra poética y, como diría mi amigo Santiago: «hay que usar metáforas a discreción y prosa poética». Y el sexto sentido ya está admitido en el cine y en la tele, en todas partes. Aunque no creo que se refieran como hago yo al corazón como órgano que gobierna los sentimientos. Pero yo lo defino como el sexto sentido que, además, es el que más trabaja. Despiertos y dormidos. Porque yo esto del trabajo ya lo tenía asumido desde niño. Innato. Me preguntaban:

—¿Qué quieres ser cuando seas mayor?
—Herrero, pa llevar las manos sucias —respondía yo muy seguro.

Y, hasta ahora, que encima de no haber aprendido tan noble oficio, siempre voy con las manos sucias según se queja mi mujer a cada momento. Por medio he visto truncada mi vocación y he tenido que sacarme una carrera y ejercer de economista, profesor de universidad y, ahora, de consultor a ratos encontrados —los perdidos son para la parte hedonista—, aunque no desespero y algún día quizás pueda ver realizadas mis ilusiones infantiles. Yo creo que puedo recuperar las ilusiones perdidas porque por lo menos lo de las manos sucias lo he mantenido como imagen de marca. Pero ya tenía vocación de currante. No como los jóvenes de ahora, que quieren ser famosos por nada o cantantes de OT.

A través de los años, la vida en la ciudad nos ha hecho disfrutar de los placeres permitidos pero distinguiendo muy bien, los que al día siguiente te permiten levantarte mejor de los que te dejan molido el cuerpo y dolorida el alma. Por estos ya transitamos en nuestra juventud y por ello los hemos superado. Ahora sabemos disfrutar de un buen vino en buena compañía y de un par de horas de bicicleta con un buen walkman bien sintonizado, mientras nos dejamos los excesos de calorías de la semana anterior y las tensiones negativas por una semana estresante, o la placidez de un partido de fútbol con resultado positivo. Aunque en esto del fútbol también hay sus riesgos y se puede sufrir.

Para transitar por esta filosofía hedonista me voy a ayudar, aparte de los comentarios que tú veo que me vas metiendo de vez en cuando, del ejemplo de un buen amigo al que considero ejemplar en el trabajo y destacado hedonista. Aunque quizás él no lo sabe, porque lo hace de manera tan natural que ni se lo plantea. Es un hedonista espontáneo, como es o ha sido un buen trabajador y un fiel amigo.

Mi amigo Javier es hedonista en la comida. Por delante, cumple las premisas del buen hedonista y se lo sabe ganar, pero también es un artista del disfrute en estas lides tan difíciles.

Hay amigos que quedan con él sólo por verlo comer. Le pones al tío un plato de fabada y un bacalao al ajo arriero —pongamos por caso— y da envidia verlo mojar pan y repartírselo con cada bocado. Has terminado tú con tu filete al oporto y al tío todavía le queda la mitad del bacalao, eso que no ha perdido bocado con falsas peroratas o explicaciones de viejas aventuras no vividas. Pero lo hace durar para que puedas apreciar a placer su buen hacer y mejor comer.

Entonces te das cuenta de lo tragón que eres tú y lo poco que sabes apreciar los buenos platos. Te has merendado el filete en tres cortes y te has bebido la última copa de vino en dos tragos y sólo te queda inventarte mentiras que justifiquen que Javier te acepta, con una sonrisilla comprensiva, pero pensando para tus adentros, que te jodas, y le dejes a él terminar su bacalao a gusto.

Encima, te ofrece una porción para que veas lo cojonudo que está y tú lo devoras de una sola vez a boca llena. Por lo que te tiene que afear el tema, porque no sabes disfrutar de un buen trozo repartiéndolo en dos bocados y con su trocito de pan mojado con cada uno y un traguito de vino al final. Desmoralizador. Por eso decides que lo mejor es detenerte a observar y aprender para la próxima. Placeres compartidos.

Porque él, al ver que está en su momento de esplendor, se regodea con cada trozo y con cada bocado. Se prepara unos bocados deliciosos y en el plato siempre le queda bacalao. Parece la multiplicación del bacalao milagroso. El tío lo sabe hacer durar.

En los tiempos actuales, los hedonistas vocacionales tenemos todo a nuestro favor, pues es cuando van a quedar en evidencia todos los que lo son por obligación, porque tienen que darle salida a los fondos que «papá» les pasa o a los millones que les largaba cada año Madoff en intereses. Ahora que vienen «malpintadas» se va a ver su falta de recursos imaginativos y no van a saber disfrutar de las pequeñas cosas como los que venimos de pobre y le sacamos provecho hasta a las cosas más sencillas disfrutadas en compañía de la familia o los amigos.

—*Como el bacalao de tu amigo.*

Como el bacalao de Javier. Quintaesencia del buen hedonista de lo cotidiano, que no es lo mismo que la vulgaridad o el cutrez.

Los abuelos

Por eso, antes se decía: «quien tiene un amigo, tiene un tesoro», pero ahora es: «quien tiene un abuelo en casa tiene un tesoro». Mientras que si lo que tienes son hijos mediopensionistas, tienes una piedra en el zapato y un agujero en el bolsillo del pantalón.

Los abuelos son un tesoro porque no van a ver afectadas sus rentas por la crisis, son niñeros de confianza, la abuela cocina todos los martes unas alubias que no las supera el mejor anuncio de fabada de lata, se van a dormir prontito y no te usurpan el internet ni te regalan CD de los Beatles como los hijos mediopensionistas para martirizarte recordándote tu penoso pasado. Por eso los cuidamos como «oro en paño» porque ellos sí que valen por lo que saben, hacen y producen, no por sus expectativas futuras inmaterializables.

Nos hablan de morirse y la escasa pero querida herencia que nos van a dejar con la casa y el huerto del pueblo y no queremos ni oír hablar de ello. Otro de sus puntos fuertes es que cada año, en mayo, se van a la tierra y plantan su huertecito de retirado y nos proveen de ensaladas y verduras naturales de primera calidad. Y en otoño se traen la cosecha tardía para ayudarnos a invernar. Tienen que suspender sus labores de niñeros en mayo, pero nos compensan con creces su ausencia.

Las pensiones y las rentas de la tercera edad están siendo el baluarte sobre el que estamos construyendo nuestras defensas anticrisis, porque sus propiedades y rentas están demostrando ser las más seguras y estables.

La vivienda en propiedad desde hace veinte años está libre de cargas y libre de pago de plusvalías si se vende, las rentas del plazo fijo son menores porque están bajando los tipos de interés pero seguras como el dinero allí depositado, y las pensiones no bajan, mientras lo está haciendo la cesta de la compra. Además, todas las habilidades que poseen cotizan al alza: la cocina, la costura, la marquetería, el ganchillo, el bordado, la carpintería casera, las reparaciones en el hogar, el cuidado de los nietos y los bailes de salón. Ahora sí que «a la tercera ha ido, no la vencida, sino la venecedora».

Los hijos mediopensionistas

Los hijos mediopensionistas, por el contrario, sólo nos reportan desventajas e incomodidades que atentan contra nuestra independencia y estabilidad. Nosotros fuimos unos hijos responsables y, con el señuelo del amor libre y los porros de Holanda, nos apuntamos con retraso a mayo del 68 y dejamos a nuestros padres independizarse a su debida edad para que pudieran disfrutar de sus logros con tranquilidad.

Las administraciones empeñadas en abaratar los pisos, vender pisos de lujo a precio de VPO y los jóvenes –la generación cero, los llaman– impasibles. Ni pueden ni quieren afrontar las nuevas hipotecas vitalicias. Les hablas de los «créditos al honor» para costearse los estudios y les da un ataque de risa. Dicen que eso son cosas del pasado, del siglo pasado. Jodida modernidad de ahora. Porque los que ya éramos modernos hace treinta años la vivimos de una manera diferente. Los jóvenes son mediopensionistas vitalicios de nuestro «hogar, dulce hotel»

Le hablas a un hijo de independizarse, tener su propio apartamento, su vida en pareja y sus noches de ensueño desvelado –lo que es la libertad, en suma–, y dice que no le salen las cuentas, que necesita que se lo financies (sin retorno) porque necesita lavadora, microondas, ADSL, Wii y vacaciones en Hawai. Por lo de las olas gigantes y el «surfing USA». Y nosotros, en nuestro tiempo –jodidos Beatles otra vez–, locos por ir a la India y Bangladesh por cuatro duros y con lo puesto. *Peace*, meditación, emporrada cutre y de *love*, *nothing*. Son unos descastados.

Antes no nos queríamos casar como seña de identidad libertaria y nos conformábamos con vivir amancebados como prueba de madurez y superación y ahora las pocas parejas que quieren contraer obligaciones quieren hacer bodas románticas por todo lo alto, con cura, iglesia románica y mil invitados que contribuyan a costear el convite y la luna de miel. La feria de las banalidades al estilo cutre y endomingado.

Aunque se le ha perdido el respeto a lo que es el matrimonio, y, de la misma manera que se casan, se descasan y tan anchos. Siempre que no se haya incurrido en grandes compromisos patrimoniales, que es lo que en definitiva ata a las parejas, no los curas. Antes, muchas mujeres se casaban porque por el matrimonio se llegaba al patrimonio, pero ahora, en estos tiempos de penalidades hipotecarias ya no es lo mismo. Y con la crisis, la hipoteca es la verdadera cruz y castigo de la pareja, que una vez anclada a ella no tiene manera de soltarse. Los que no entendíamos ni aceptábamos la indisolubilidad del matrimonio ahora la hemos comprendido.

De nada habían servido las explicaciones del Cardenal Rouco ni sus predecesores para que entendiésemos y creyésemos en la indisolubilidad del matrimonio. Y lo que no habían conseguido ellos lo ha conseguido la crisis. Porque la crisis está siendo asertiva y contundente al aplicar reglas iguales para todos. No como la Santa Madre Iglesia (SMI) que, de la misma manera que establece reglas, después abre unas puertas por las que la gente con dinero e influencias se puede escapar por la puerta que sólo abre el Tribunal de la Rota para aquellos que necesitan volverse a casar y sus creencias y su estatus social les obligan a hacerlo de nuevo por la Iglesia católica.

Con esta concepción visionaria, partidista y sacramentalizada de la unión matrimonial no se resuelven, sino que se complican más, las relaciones personales, los compromisos y las libertades de la pareja y de los hijos. Porque muchas veces, como en otras esferas de la vida, la solución a los problemas y a las relaciones que funcionan mal vienen por disolver esa comunidad de intereses de manera pacífica y formal. No por la indisolubilidad que es un concepto protector medieval que con seguridad las mujeres libres de hoy en día no quieren aceptar. Desde su mayoría de edad, ellas son dueñas de su propia potestad y, como tal, quieren ejercerla libremente.

La crisis llama a tu puerta

En un año corto que se ha hecho largo, la crisis ha pasado de ser un titular de periódico y una tormenta lejana a ser una nube tóxica que nos empieza a dificultar la respiración en el día a día de la cotidianeidad. Pero no a todos nos afecta de la misma manera y, por ello, vamos a diferenciar algunas puertas por las que se puede haber colado la crisis en nuestra casa.

La pérdida del empleo

Ésta es la peor situación en la que te puedes encontrar, porque todo el entramado personal, familiar y financiero suele basarse en los cimientos del trabajo y sus rentas. Y si se ve también amenazado por la presión de la hipoteca sobre una casa que habías comprado hace poco y, por ello, se ha visto más amenazada por la pérdida de su valor, estás en el peor de los escenarios posibles y todas las soluciones o parches son traumáticos mientras no vuelvas a enderezar el tema fundamental de tu entramado vital: el trabajo y sus ingresos. Y estas medidas anticrisis pasan por el mayor endeudamiento con los bancos o familiares o por la pérdida de patrimonio inmobiliario.

Pero, como pasa en el mundo de los negocios y el comercio, el crédito es más escaso y las condiciones para conseguirlo han empeorado. Mayores garantías, aunque no necesariamente a mayores precios, pues el precio del dinero ha bajado y sigue bajando, aunque no lo hagan en la misma medida las condiciones finales para el nuevo prestatario.

La disminución de las rentas

Normalmente, la disminución de las rentas se ha producido por el descenso de los ingresos salariales o de rendimientos del capital, pues las pensiones no se han visto afectadas. Y esto puede deberse a la pérdida de incentivos o bonus anuales, la rebaja del salario o la pérdida de alguna parte de la actividad profesional de los miembros de la familia.

Y en esta situación es donde el proceso a seguir pasa por una adecuación moderada o traumática de los consumos y los pagos, sean estos pagos para inversiones o a cuenta de los gastos. En el primero de los casos, pasa por el alargamiento de los plazos de devolución, lo que facilita los pagos pero aumenta el monto total devuelto y, en el caso de los gastos, se centra en gastar menos y mejor.

La disminución de las ventas de tu negocio

La disminución de las ventas, que está siendo generalizada en la mayor parte de los negocios, conlleva también una reducción en el resultado final de beneficio y, de manera paralela, una mayor exigencia en las condiciones financieras. Si estás en un sector que se ve afectado por la crisis y vende menos, los bancos prestarán dinero con mayor cuidado y en menor medida.

Pero no todos los negocios se han visto afectados por igual y también hay algunos sectores que crecen. En la medida en que estén más enfocados a los sectores de reutilización, como la restauración y reparaciones del hogar, los autos y demás bienes perdurables, desde zapatos a vestuario; a la atención de necesidades más primarias como la alimentación –no la vivienda–, y a los productos básicos de bajo coste en los que la calidad no esté directamente relacionada con el precio en cuanto que hay componentes de marca, envoltorio o distribución que no merman la calidad del producto o sus prestaciones, como pasa con las marcas blancas.

Pero el negocio del lujo y lo superfluo se está viendo muy afectado ante la menor disponibilidad de dinero en la mayoría de sectores consumistas, la desaparición del «efecto riqueza» de la sobrevaloración de las viviendas o la inseguridad ante el futuro y la merma de las rentas.

Aquí juega sobremanera la diversificación de los negocios en la medida en que no estaban en un monoproducto fuertemente afectado y la capacidad del negocio para adaptarse, adecuarse o reconvertirse. Por citar dos ejemplos, la oficina de compra-venta de viviendas o locales está cerrando, mientras que la de venta de baños de lujo puede hacer ahora rehabilitación de interiores y baños y puede pervivir y salir reforzada de esta crisis. Y el concesionario de autos ha visto caer sus ventas de manera estrepitosa, mientras que la empresa de compra-venta y revisión y reparación está adaptando al personal y equilibrando sus ingresos.

La desvalorización de tu vivienda y otros inmuebles
Como siempre, la afectación a tu situación económica dependerá de las deudas que tengas sobre ella y la capacidad para hacerles frente. Si no tenemos hipotecas o podemos seguir pagándola con soltura, todos somos menos ricos –no es lo mismo que ser más pobres–, y sólo ha disminuido nuestra sensación de riqueza y, por ello, nuestra propensión al consumo desmedido o consumismo.

Cuando sólo tenemos la casa donde vivimos, su valor es secundario sobre nuestra situación económica y nuestro comportamiento económico –aparte del efecto riqueza comentado–; va más directamente ligado a la evolución de nuestras rentas.

Claro que si tenemos una vivienda que valía 600.000 €, pensábamos que si un día lo necesitábamos, podíamos cambiarla por una de 500.000 € y con la diferencia atender nuestras necesidades o irnos de veraneo permanente a Torrox (Málaga), el pueblo de España con mejor clima durante todo el año.

Disminución de tu riqueza futura

También puedes hallarte en una situación de estabilidad en que tus inmuebles –el piso y la segunda residencia– valen menos, pero no pensabas venderlos en ningún momento, tu pensión o tu salario se mantiene y lo único que ha disminuido ha sido la valoración de tus acciones o tu plan de pensiones porque parte de él tenía renta variable.

Entonces estás en una situación bastante buena, en que puedes asomarte al balcón de la vida, mientras contemplas cómo pasa, lo mismo que a todos los hipotecados o comerciantes perseguidos por los bancos y acreedores o los pocos vendedores de pisos y coches que siguen en activo.

Si acaso, tendrás que decidir si deseas perder en Bolsa y pones el dinero en el mar de la tranquilidad del plazo o el plan de pensiones a renta fija a la espera de que una nueva ola te lleve en volandas a nuevas cotas de prosperidad virtual. Y, mientras tanto, como eres previsor y puedes tener familiares a los que socorrer, ahora o en el futuro, te apuntas a esta moda de la austeridad que te devuelve la razón sobre lo que siempre has pronosticado: que tanto consumismo y despilfarro no podía llevar a nada bueno.

A la espera de compra de vivienda

Si tus ingresos no se han visto muy mermados, estás en una situación ideal. Parece que los espíritus se han apiadado de ti y los precios de las viviendas acuden a tu encuentro desde unas cotas que antes se mostraban inalcanzables. Vas a tener que aportar un 30 % de ahorros, pero los precios no paran de bajar, hay ofertas de pisos muy interesantes por parte de las entidades financieras y los tipos de interés propician unas cuotas asequibles.

Éste es el momento de seguir de cerca el mercado de la vivienda y ver la evolución en los barrios y promociones que te interesen, porque puedes encontrar la vivienda que deseas en unas condiciones interesantes. Aunque, al mismo tiempo, con una buena dosis de tranquilidad, pues cuando los precios toquen suelo y se estabilicen, no van a salir disparados de nuevo hacia arriba, porque hay un parque de un millón de viviendas sin vender y la demanda anual se estima alrededor de unas 300.000. Además, no toda esa demanda es solvente.

Capítulo 2

TU DINERO

La vida por la senda del dinero

Al igual que la vida no es igual para nosotros según la fase vital en que nos encontremos, tampoco son iguales las relaciones que tenemos con el dinero y los mecanismos que establecemos para conseguirlo, conservarlo o aumentarlo.

Además, se produce un círculo vital de solidaridad intergeneracional: el dinero que ahorran los mayores sirve para financiar los proyectos de los jóvenes. De la misma manera que los impuestos que pagan los jóvenes de su trabajo sirven para costear las pensiones y los servicios sociales de los jubilados. Es un círculo virtuoso intergeneracional, en el que el dinero, como la energía, ni se crea, ni se destruye, tan sólo discurre de unas manos a otras por diferentes circuitos recibiendo una retribución o pagando unos intereses por ello. Nada es gratis en el mundo del dinero, y se paga en el acto o en el futuro.

En este intercambio generacional de recursos monetarios puede salir más beneficiada una u otra generación, según los tipos de interés. En los últimos años ha sido muy difícil vivir de las rentas monetarias con los tipos de interés por debajo del 5 % en los mejores casos y ahora la crisis está bajando el precio del dinero a tipos ridículos, con Euribor entre el 1 y 2 % y los tipos básicos americanos cercanos al 0 % como los tienen en Japón.

Y aunque podemos contraargumentar que los bancos siguen sin prestar por debajo del 4 % para las hipotecas, o de un 7 % para una cuenta de crédito a los comerciantes, las bajadas en los pagos de las hipotecas anteriores han sido claras y contundentes a lo largo de los últimos 12 meses. Y todos los que tienen una hipoteca de los últimos tres años a un Euribor + 0,50 van a ver en los próximos meses o en la siguiente revisión cómo, para una hipoteca de 150.000 €, su cuota mensual se sitúa en 550 €, cuando pagaban en el momento de la concesión unos 800 €.

«Pero al mismo tiempo, el pisito que nos costó 180.000 € ahora vale menos de 130.000 € y sigue bajando» protesta irritado.

Así es. Y aunque tus ingresos no se hayan visto afectados en demasía, estás alarmado porque antes contabas con que ya el valor del piso había compensado los gastos que tuviste que financiar de tu bolsillo y ahora la hipoteca supera el valor del piso. Vas a pagar bastante menos pero a disgusto. Aunque te puedes apuntar a seguir pagando lo mismo y que te reduzcan el plazo de amortización de tu hipoteca, que pagando los 800 € de antes podría quedar en 18 años y nueve meses. Sí, sí, como lo lees. De 30 años a 18 años y nueve meses.

Como queda claro que la edad y, con ella, la situación familiar –soltero, casado, separado...–, condicionan nuestros comportamientos financieros, vamos a pormenorizar los comportamientos patrimoniales y financieros en cada una de las etapas vitales y sus consecuencias. Nuestra riqueza normalmente va de menos a más, aunque ahora, con la crisis, ha sufrido un fuerte retroceso en que nos va a costar recuperar los niveles virtuales de antes.

Sólo algunos afortunados pueden empezar su vida financiera al revés y situarse en los 18 o 25 años, cuando dejan de estudiar y la familia les pone casa, negocio o una fortuna para que puedan hacerla crecer o disfrutarla.

Pero la mayoría tiene que arrancar desde cero y construir por su cuenta un entramado financiero y patrimonial como fruto de su trabajo y su esfuerzo. Aunque nuestros hijos estén soñando con heredar nuestro pisito y la casa del pueblo, nosotros estamos empeñados en aguantar hasta los 100 años, y, para entonces, ellos ya serán casi viejos.

Jóvenes

Dieciocho años. Primeros ingresos y primeras deudas. Capacidad para endeudarse en serio, aunque sea a costa de hipotecar su casa y su futuro. Pero así lo hicimos todos en nuestro tiempo y ésa fue la única manera de tener coche y después piso.

Los jóvenes ante la crisis se sitúan con una mayor incredulidad que todos los demás porque no han vivido otra antes y porque han crecido en este mundo virtual en que el dinero que pasa por sus manos es insignificante en relación con el escaso capital que todavía mueven. Y los pagos de transportes, comidas, viajes y DVD los hacen con tarjetas cuyos fondos no han pasado por sus manos, sino que proceden de la transferencia periódica que les hacen los padres o de la primera nómina. Pero todo virtual, como los pagos que hacen por internet para muchas otras cosas.

Hace falta que den unas clases particulares o trabajen una noche de camareros o repartidores de pizzas para que el fruto de su trabajo se materialice en billetes y entiendan la realidad, muchas veces cabezona, del dinero y sepan valorar lo que cuesta ganarlo.

En esta crisis se van a ver afectados a corto plazo en la medida que ya tengan deudas o disminuyan sus ingresos. Y, a largo plazo, en la medida en que la crisis puede dificultar su formación o puede limitar sus posibilidades laborales. Y en el plano patrimonial, además, porque son los últimos entrados en el mercado inmobiliario y aunque puedan seguir pagando su hipoteca, su vivienda se ha depreciado como comentábamos anteriormente y posiblemente vale menos que la deuda que tienen todavía pendiente de la hipoteca.

En el caso de Jaime, un recién licenciado en derecho por la UPF de Barcelona, justo se acababa de independizar con su primer sueldo en un bufete de primer nivel de la ciudad, cuando la crisis le ha trastocado los planes de compra de vivienda que había hecho con su pareja, con la que había alquilado el apartamento donde viven.

En los próximos dos años, esperan terminar de pagar el coche que habían comprado y que Susana termine la licenciatura en la UB mientras trabaja por las tardes como teleoperadora, pero no tienen en absoluto claro que puedan comprar un apartamento, porque no tienen el 30 % que ahora se necesita para acceder a la propiedad, a no ser que la mano misericordiosa de los padres se compadezca de ellos. Pero eso les supondría pasar por el altar o el juzgado para legalizar su situación, como les piden sus padres respectivos, lo que trunca sus planes de libertad e independencia financiera.

Los menores de 25 años son una generación que, de tenerlo todo y ascender por la pirámide de la vida con inmejorables perspectivas, porque eran menos que las generaciones anteriores y haber tenido una mejor formación, han pasado a encontrarse esta crisis que lo va a cubrir todo y va a mermar el bienestar presente y futuro de todos y, en mayor medida todavía, las expectativas de los jóvenes.

Lo único positivo es que, de haber iniciado este siglo con una coyuntura económica que los motivaba para triunfar y ser felices gastando, van a tener que cambiar su registro y asimilar que todo cuesta mucho, y que para gozar un día, antes hay que ganárselo y merecerlo. Lo que quizás les haga personas más responsables y ciudadanos más solidarios.

Como parte positiva no quiero parecer retrógrado o envidioso en mis apreciaciones sobre los jóvenes; he de decir que parten en mejores condiciones que lo hicimos nosotros. Tienen una mayor formación, mejor conocimiento de idiomas y una visión más cercana del mundo que entra cada día en su habitación a través de la TV e internet y, al contrario que en nuestra generación, ya nada de lo que pasa fuera de nuestro país les es ajeno.

Además, muchos de ellos han podido viajar y relacionarse con gente de otras culturas, como lo hacemos ya cada día en la vida cotidiana en nuestros barrios por la invasión migratoria que hemos disfrutado y para ellos, el mundo, si no es más pequeño, por lo menos es más próximo.

Matrimonios jóvenes en época de crianza
Se gestiona entre los dos. Todas las complicaciones financieras que el/la joven soltero/a había ido manejando a solas se acentúan en el momento en que se inicia la vida en pareja. Antes, uno era el dueño de sus propios actos y de sus propias deudas con el único límite de la tarjeta de crédito y el buen criterio y la prudencia de tu banquero personal. En cuanto empieza la vida en pareja todo se complica y las decisiones

financieras se han de compartir, lo mismo que los gastos, los ahorros, las inversiones, los planes financieros y, lo que es más importante, los planes de vida.

Octavi y Julia, la pareja que llevaba cinco años casados, padres de dos niños y que han visto cómo su casa vale ahora menos de lo que deben de hipoteca. Y sus ingresos han mermado sensiblemente. Octavi, que trabaja de comercial en una gran superficie, no cobró el «bonus de objetivos» del año 2008, el salario del año 2009 no ha tenido revisión y el «bonus» de 2009 parece imposible alcanzarlo. Julia es maestra en una escuela pública y no ha tenido revisión salarial como tuvo en el año anterior.

En el mundo de la pareja suelen entrar al mismo tiempo que los hijos, la hipoteca que, aunque ya se tuviese antes una por parte de alguno de los miembros de la pareja, se ha de ampliar y hacer extensiva a los dos, ya que normalmente hay que comprar un piso adecuado para la vida en pareja y que permita los planes expansivos que ésta tiene. De la mano de los hijos llega el mundo de la complejidad, pues todo se multiplica y hay que atender a muchos frentes a la vez personal y económicamente.

Los campos de batalla habituales son la casa, los colegios y el trabajo. Y en todos ellos hay que prodigarse y atender. Y, simultáneamente, los gastos aumentan. Las domiciliaciones de servicios del joven soltero se unen a los recibos de colegios, la hipoteca y las clases de inglés.

Los jóvenes padres son la base de la nueva sociedad, pero ésta les exige en demasía sin mucho a cambio, ya que todo se lo han de costear ellos, hasta proveer para su futuro, porque sus contribuciones salariales al estado no son para su cuenta personal, sino para contribuir al bienestar de los actuales jubilados. De la misma manera que cuando ellos sean jubilados será la generación de sus hijos y sus nietos los que cotizarán para su bienestar. Aunque nadie garantiza que entonces llegue para todos.

La crisis actual puede ser muy dolorosa para este segmento de población, ya que son especialmente sensibles a todos los frentes por los que la crisis nos ataca. Tan sólo las hipotecas con los descensos continuados y muy marcados de cuotas se han situado de momento a su favor. Pero es muy posible que los ingresos les disminuyan, que el trabajo peligre o amenace inestabilidad y, por el contario, su capacidad para recortar gastos es escasa.

Como hemos visto en el ejemplo de ajuste del presupuesto de gastos, a Octavi y Julia les pasa igual, casi todas las partidas las tienen muy comprometidas; suelen tener muchos gastos debido a las ayudas externas que necesitan para atender a todos sus frentes y gastan mucho en servicios que no pueden proveerse ellos mismos. Menos mal que la hipoteca ha reducido sus cuotas y les da un respiro para ajustar su presupuesto de gastos que la nueva situación de la merma de los ingresos les provoca.

Aquí cobra de nuevo gran importancia el auxilio de la familia, que si no parece ético que aporte ayuda financiera porque quieren ser independientes o puede haber otros miembros de la familia en iguales condiciones, sí puede aportar ayuda en el cuidado, la atención o en recoger los nietos del colegio. Los padres prejubilados y en período de disfrute anticipado de su retiro soñado se han de convertir de nuevo en *babysitters* de emergencia para poderse acoger a la tan bien considerada clase de los «abuelos esclavos». Aunque tampoco es para tanto, ya que los nietos rejuvenecen a los abuelos y dan sentido a sus vidas medio vacías, que no pueden llenar sólo con la petanca, el ganchillo, el tute o los bailes de salón.

Los matrimonios jóvenes son la base económica de la sociedad y una generación criada ya en las ciudades que tenían que aportar su contribución generacional a la rueda del bienestar nacional. Como las generaciones anteriores soportaron la guerra civil y nosotros la posguerra y a los Beatles y sus cantos de sirena cegados por el señuelo del amor libre y las noches imaginadas e inexistentes de *love and peace*.

Matrimonios maduros sin hijos en el hogar

La vida y sus crisis siempre nos suelen pillar a caballo entre dos etapas, recién estrenada una categoría, como los padres jóvenes, o a punto de cambiar de tren como los matrimonios maduros.

Cuando ya han abandonado la crianza y conviven con los hijos adultos y su corral de pavos, pero ya preparados para navegar solos por la vida con sólo el seguimiento del mando a distancia, aunque ellos se empeñen en contravenir sus deseos y hayan hecho de la casa su cuartel general en el que tienen todas sus posesiones estratégicas y el centro de comunicaciones con su tropa, por lo que no quieren ni oír hablar de abandonar el «hogar, dulce hotel». Los hijos mediopensionistas de los que hemos hablado al principio como categoría fundamental de este circo de trapecistas con red.

Ésta es la etapa vital entre los 45 y los 65 años, con hijos con más de 20 pero con las mismas necesidades que a los 15 y de bajas prestaciones. No sirven para casi nada en el hogar y, sin embargo, reclaman su universidad, su máster y su inglés en Escocia para complicar vuestra independencia financiera que habíais previsto para cuando ellos tuviesen 23 años, como hicisteis vosotros al acabar la universidad. Pero ellos van para los 30 y siguen en casa tan contentos. En consecuencia, se alarga el momento de conseguir la independencia financiera.

Esto no lo explica ningún tratado, pero os toca de nuevo empezar a conocer las facilidades de la tarjeta de crédito que vosotros teníais ya domesticada, los créditos personales y los revolventes –que se renuevan sobre sí mismos, como la hipoteca mágica– de las cuentas vivienda, para poder desgravar algo más con la excusa de ayudar a los hijos a comprar un apartamento algún día. O prestas mayor atención a tus inversiones en Bolsa, que ahora han vuelto a rebelarse contra ti y no te dan más que disgustos. Después del susto de las punto.com en los albores del siglo, parecía que se podía volver a invertir en alguna empresa solvente de las «blue chips», pero da igual, porque menos las de energías renovables, han vuelto a dar disgustos.

La hipoteca está ya prácticamente olvidada y ya no te merma los ingresos mensuales; por ello, vale la pena pensar en el futuro de la pareja –no sólo en el de los hijos–, y empezar un plan de pensiones o de jubilación para completar el seguro de vida que ya tienes. Aunque el seguro de vida es para que provea de ingresos a tu mujer por si tú fallas, y los planes de jubilación son para que la pareja disfrute de una jubilación mejor.

Lo malo es que los planes de pensiones que conoces de otros amigos invertían una parte en renta variable y ahora también se han visto afectados por las bajadas continuadas de la Bolsa.

Cuando los hijos definitivamente se van de casa porque han encontrado pareja, y a los 30 años quieren volar en libertad y conocer otras experiencias enriquecedoras, el nido se queda semivacío y es el momento de dedicarse en cuerpo y dinero a preparar la jubilación. Y tú ya ves la puerta del paraíso del retiro al alcance de la mano y no quieres sobresaltos en tu devenir económico ni productos que comporten riesgo. Eres menos rico porque tu vivienda vale menos y tu plan de pensiones ha mermado, pero vas a tener suficiente para tener una jubilación muy cómoda.

Al fin solos para poder pensar y planificar vuestra jubilación. Repasas tus cuentas financieras y, por primera vez, llegas a pensar que es posible la independencia financiera, aunque ahora, cuando apliques los nuevos parámetros que la crisis ha incorporado, quizás se vuelva a alejar o te permita jubilarte con menos recursos y rentas.

Pronto os va a sobrar de todo, como les pasa a Ramiro y Margarita, una pareja a punto de jubilarse. Ramiro trabaja en un banco y puede acceder a una oferta de prejubilación en cuanto cumpla los 58 y ambos piensan que ésta es la ocasión para acogerse a ella.

Ahora tienen de todo, pueden comprar todo sin endeudarse y no necesitan financiación. Tan sólo mantienen la tarjeta de crédito, más como medio de pago y tarjeta de presentación en muchos sitios que la requieren que como financiación. Quieren un mar en calma libre de sobresaltos, aunque esta crisis está trayendo más sobresaltos de los deseables.

Pero a Ramiro le falta la presencia de los hijos y a Margarita más. Sus habitaciones vacías son un remanso de paz, pero de aburrimiento al mismo tiempo. Las deportivas por el suelo, las camisetas tiradas detrás de la puerta y el ordenador y la Play por el medio representaban un caos total, pero tenían vida. Ahora aquello es una naturaleza muerta que esta pareja tiene que llenar con nuevas actividades que no los recluyan en la tiranía fácil de la televisión.

Juntos van a iniciar una nueva vida que tiene que llenar de alicientes repodados mientras les llega la nueva revolución de los nietos.

Ramiro se mira a veces al espejo y reconoce que es la sombra de lo que era y de la imagen que tenía de sí mismo, como su cuerpo le recuerda a cada paso sin permitirle pasarse lo más mínimo ni con los esfuerzos ni con los pequeños placeres consentidos.

Además, ahora, con la crisis, ambos van a poder practicar con convicción todas las actividades más recomendables para esta época de serenidad que comienzan: saborear más las pequeñas cosas, como esa partida de mus en vez del partido de futbito y esos paseos al lado de la playa en lugar de las dos horas con la mountain bike. La calma después de la tormenta, el descanso del guerrero, la serenidad saboreada y disfrutada.

Jubilados

Paz en la pareja y en el hogar. Tranquilidad. Serenidad. Descansar o pasear. Tumbarse a leer o ver la televisión. Partida con los amigos o paseo con la mujer. Todas tus acciones sólo pueden tener repercusiones en tus gastos, pero son escasos y están controlados. Y los ingresos ya vienen solos: la pensión, los intereses de las cuentas, los dividendos de las acciones, la renta del plan de jubilación. Son menores de lo esperado, pero más que suficientes para vuestro ritmo de vida.

Y Hacienda os trata con cuidado y moderación. Aunque no tenéis rincones de desgravación y eso os altera por lo que todavía pagáis, pero recibís tanto a cambio de ello como por lo que habíais contribuido en vuestros años de actividad laboral. Además, podéis viajar y disfrutar de los mejores sitios en las fechas en que la mayoría estamos trabajando o en época de colegios y, por ello, a precios muy bajos. Una ganga.

Andrés ya lleva siete años jubilado y, junto a su mujer, Elena, combinan las épocas invernales de cuidado de dos nietos pequeños en Barcelona, donde viven, con sus estancias veraniegas en un pueblecito de Huesca, su lugar de origen. Los nietos se resienten de sus ausencias porque han de pasar más tiempo en la guardería, pero su «convenio laboral» así lo establece. Vacaciones pagadas de cinco meses a disfrutar en primavera y verano.

Los jubilados son la clase con mayor estabilidad en esta crisis, como hemos comentado al principio al alabar el papel de los abuelos en esta nueva situación de aguas turbulentas que se nos ha venido encima. Y, como ellos, esta pareja, cumple dos de los puntos más importantes para hacer frente a esta situación con garantías: carencia de deudas y estabilidad en los ingresos. Ambos temas les garantizan que su nivel de bienestar no se va a ver afectado. Incluso puede mejorar porque baja y ha de bajar más la cesta de la compra.

Aunque su vivienda de Barcelona y la casa del pueblo en Huesca valgan menos, como no las necesitan no es importante porque les van a prestar el mismo servicio. Y a los que las hereden, quizás también.

Al igual que para muchos otros que estáis en una situación parecida, con los hijos y los nietos que ya se valen por ellos mismos, aunque algunos están en una situación más delicada y quizás, más afectados por la crisis. Pero vuestra situación estable es una tranquilidad para ellos, primero porque saben que os vais a valer por vuestra cuenta, y segundo, porque en caso de necesidad, igual podéis echarles una mano en tiempo o en recursos.

Vuestras rentas son más bajas que cuando estabais en activo pero los gastos casi se han esfumado. Vosotros dos os apañáis con poco. Lo que queréis es salud y poder ver a los nietos con más frecuencia.

Los productos financieros que necesitáis son todos ellos de depósito, de ahorro, de inversión. Ni hablar de los préstamos, que están olvidados hace tiempo. Tan sólo la tarjeta de crédito para los viajes y las vacaciones.

Y ésta es la evolución financiera que a lo largo de una vida se suele tener. Aunque la crisis lo ha trastocado y va a afectar más a los más jóvenes, cuando todo se vuelva a recomponer y se sienten nuevos cimientos, las propiedades inmobiliarias estarán en parámetros razonables y quizás eso les facilite el camino de la prosperidad inmobiliaria que últimamente se había situado en unos parámetros inalcanzables.

Tus finanzas en detalle

Independencia financiera

Este concepto era muy importante para nosotros y por esa independencia luchábamos, pero esta crisis ha trastocado todos nuestros planes. No vamos a poder independizarnos económicamente ni tampoco de nuestros hijos. Cadena perpetua.

Todas las personas o economías familiares llegan o han llegado hasta ahora a esa independencia financiera, aunque nosotros vamos a tener que luchar ahora el doble para que se produzca antes de que nos jubilemos.

Lo primero para poder avanzar por estos campos de perversión de la crisis es, como decíamos al principio, saber nuestra situación física y anímica y, lo que es más importante, nuestra situación patrimonial para evaluar los daños que la crisis nos ha provocado y nos puede provocar para reparar los daños colaterales sufridos y perfilar la línea de avance hacia nuestra independencia financiera y poder vivir sin trabajar.

Situación patrimonial

Vamos a hacer ese ejercicio patrimonial con el siguiente simulador.

SIMULADOR PATRIMONIAL

Año	2004	2008	2009	2010
Edad del matrimonio	40-38	44-42	45-43	46-44
Edad de los hijos	12-08	16-12	17-13	18-14

EFECTIVO Y BIENES (€)

Cuentas a la vista	1.239	1.277	1.021	817
Cuentas a plazo	3.500	3.500	3.500	3.500
Otros depósitos				
Fondos de inversión				
Planes de pensiones	22.652	39.183	41.264	47.264
Coches	18.800	15.040	12.032	9.626
Motos				
Parking	18.643	20.507	16.406	13.125
Vivienda habitual	365.564	444.345	355.476	284.381
Segunda residencia	123.000	133.139	93.197	65.238
Bienes personales	11.265	12.392	12.392	12.392

TOTAL ACTIVOS (€)	**564.664**	**669.383**	**535.289**	**436.342**

DEUDAS (€)

Tarjetas de crédito	3.428	4.114	4.937	5.924
Préstamo hipotecario 1.ª R	143.538	114.830	103.347	93.013
Préstamo hipotecario 2.ª R	98.000	88.200	79.380	71.442
Préstamo coche	6.539	0		
Otros préstamos				

TOTAL DEUDAS (€)	**251.506**	**207.144**	**187.664**	**170.379**

PATRIMONIO NETO (€)	**313.158**	**462.238**	**347.625**	**265.964**

SIMULADOR PATRIMONIAL

Año	2015	2025	2029
Edad del matrimonio	51-49	61-59	65-63
Edad de los hijos	23-19	33-29	37-33

EFECTIVO Y BIENES (€)

Cuentas a la vista	1.315	1.354	1.395
Cuentas a plazo	3.864	4.711	5.099
Otros depósitos			
Fondos de inversión			
Planes de pensiones	75.060	120.072	174.090
Coches	24.000	16.800	13.440
Motos			
Parking	14.437	15.881	17.469
Vivienda habitual	313.980	346.659	382.739
Segunda residencia	71.762	86.114	103.337
Bienes personales	13.631	16.357	17.992
TOTAL ACTIVOS (€)	**518.049**	**607.948**	**715.562**

DEUDAS (€)

Tarjetas de crédito	4.525	4.073	2.444
Préstamo hipotecario 1º R	37.205	0	0
Préstamo hipotecario 2º R	28.577	0	0
Préstamo coche	0	0	0
Otros préstamos			
TOTAL DEUDAS (€)	**70.307**	**4.073**	**2.444**
PATRIMONIO NETO (€)	**447.741**	**603.875**	**713.118**

Ponemos en el año 2004 la valoración de los bienes que teníamos entonces y la evolución que habían experimentado hasta el año 2008, incluidos los bienes que tenemos, como mobiliario, electrodomésticos y otros enseres de valor. Comprobaremos que tenemos un patrimonio aceptable, aunque la valoración del año 2009 y 2010 no siga la tendencia creciente de los años anteriores, sino que la realidad la ha situado en niveles muy inferiores.

Como se puede ver, la evolución del valor de los bienes en esos cuatro años era moderada –nada de crecimientos del 10 % anual. Las cuentas corrientes y el plazo, un crecimiento anual de un 3 %; los planes de pensiones también un crecimiento anual del 3 %, más las aportaciones que se han hecho o se estime razonable hacer.

La vivienda, aunque ha estado aumentando su valor a ritmos del 15-17 % anual, también ha tenido su final, porque 2008 ya se moderaba alrededor de un 5 %.

Las deudas son muy fáciles de situar, porque tienen un calendario de amortización, y se trata de reflejar la deuda pendiente en cada momento.

Aquí he proyectado también la edad de la pareja y la de los hijos, pues da una idea de cómo será vuestra vida entonces. La situación familiar, como veremos, condiciona mucho la forma de vida y las necesidades económicas.

Al principio, sale un patrimonio que no está nada mal, y hemos visto que en esos cuatro años, hasta 2008 ha crecido bastante. Pero ahora, en 2009 y 2010, se ha estancado, e incluso ha retrocedido. Y a partir de aquí hemos de analizar cómo se va a recomponer y en qué niveles se va a estabilizar para volver a aumentar en los siguientes años, pero en porcentajes muy bajos.

Y cuidado con los números, que lo admiten todo –en términos presupuestarios– y es muy fácil engañarse. Por eso hay que ser prudentes en las estimaciones futuras y reducir estos números las veces que haga falta.

Lo primero que llama la atención es que en 2009 vamos a ser menos ricos que en los años precedentes y eso les pasa a la mayoría, aunque estén en una situación de cierta estabilidad en las rentas. Y en 2010 todavía va a ser peor, aunque empecemos a sentar bases de soporte.

Pero los planes de pensiones han bajado un poco, si estaban con parte en renta variable, y las aportaciones presentes y futuras, posiblemente no sean tan cuantiosas y las tengamos que reducir. Los inmuebles todavía se pueden depreciar algo más y los años siguientes crecerán en porcentajes muy moderados.

Los bienes personales se deprecian con el paso del tiempo, pero razonablemente tendremos algunos más y quizás mejores.

Y, en la parte que restan, iremos amortizando las deudas según el plan previsto o alargando los plazos si hace falta.

Ahora tú debes hacer tu ejercicio patrimonial y ver cómo se han recompuesto tus activos, tus deudas y las expectativas futuras.

La gestión de tus ingresos

Has visto que tu barco puede llegar a buen puerto si eres capaz de enderezar el rumbo, y el viaje tendrá un final feliz por el recorrido vital a lo largo de tu vida financiera, que es el esqueleto de tu vida real. Y ahora nos toca volver a la realidad cotidiana y analizar cómo se actúan tus ingresos en la nueva coyuntura.

Como bien sabes: «Los presupuestos o planes no se hacen para cumplirlos, sino para medir lo que te desvías sobre ellos».

Un presupuesto es un instrumento muy sencillo que podemos simplificar o complicar tanto como queramos, pero, para que sea útil, debe cumplir alguna de estas funciones:

PLANIFICAR

Nos permite plasmar en números las realidades económicas que vivimos y las expectativas futuras de gastos, ingresos, deudas y la situación patrimonial que esperamos alcanzar.

Si en los próximos dos años los pisos van a a seguir bajando pero en los diez años siguientes se revalorizan una media del 3 % anual y la hipoteca se ha amortizado en un 80 %, el valor patrimonial de tu casa será de tantos miles de euros.

CONTROLAR INGRESOS Y GASTOS

Analizar en qué medida los ingresos y los gastos se comportan como habíamos previsto, con la triste constatación de que normalmente los ingresos han bajado en estos tiempos y los gastos, si no los moderamos cambiando comportamientos, tienden a subir: tanto los servicios domésticos como los libros del colegio que no habíamos previsto, mayor consumo de teléfono, etcétera.

NO SUFRIR ANTE PAGOS INESPERADOS

Empezaré por el ejemplo. Siempre me altero cuando llegan los cargos de los servicios domésticos o el pago de los estudios de mis hijas, porque merma mis ingresos mensuales. Pero al ver que los tengo presupuestados, lo considero un gasto ya previsto y asumido, a pesar del cual cuadraré el presupuesto a final de mes o de trimestre.

Unificar

Los ingresos son mensuales, con dos pagas extras, en algunos casos; los servicios se pagan cada mes o cada dos meses; el administrador de fincas normalmente cada dos meses y los seguros cada seis meses y cada año. Todo esto hay que unificarlo y plasmarlo en términos mensuales y anuales. En términos mensuales, para ver qué pueden salir de los ingresos. Y en términos anuales, para ver la magnitud del problema y poder así enmendarlo. Y en otros casos para poder valorar la consecuencia económica anual que dejar de fumar o comprar el periódico puede suponer.

Ahorrar

Ahorro es lo que nos sobra de los ingresos después de haber atendido todos los gastos. Como hacían nuestras madres en aquellos tiempos del siglo pasado en que llegábamos cada uno con nuestro sobre y ella los iba juntando para después hacer apartados para la casa, los recibos, los colegios, la compra, etcétera. Y lo que le sobraba a final de mes era lo que llevaba a la caja de ahorros para guardar.

Aunque alguna madre, más previsora y adelantándose a su tiempo, hacía el primer montón con lo que quería ahorrar para la nueva casa –pisito en cooperativa– y lo ingresaba en la caja. Después, con lo que quedaba, había que ir atendiendo todo lo demás para llegar a final de mes. Sabiduría popular.

Consideraciones sobre el presupuesto familiar

Un presupuesto debe ser un instrumento que nos indique cómo se ajustan los gastos a los ingresos y nos permita determinar las economías que se pueden hacer en los gastos para mejorarlo e incluso ahorrar.

Las cantidades en negrita de las tres primeras columnas indican la periodicidad de los ingresos y los gastos. Aunque, después, la comparación más significativa es en términos mensuales, que es como cobramos. Y en la reestructuración para el año 2009, que necesitaba un ajuste entre gastos e ingresos, he puesto en negrita las partidas que deben ser mejoradas y disminuidas.

Este presupuesto anual no es un flujo de caja o de tesorería, para lo cual se debería analizar mes a mes los flujos de ingresos y gastos por si se produjesen situaciones temporales de saldo negativo. Pero creo que así ya es suficiente para los objetivos que nos planteamos.

Se trata de una unidad familiar con unos ingresos medio-altos, donde trabajan los dos y los hijos van a un colegio privado de tipo medio. Allí los deja la esposa cada día y se llevan la comida al colegio para amortizar el pago a la asistenta-cocinera.

Es una familia completa que tiene de todo y gasta en todo: hipotecas, préstamos para los coches, asistenta que les guisa y mil recibos. Como son precavidos tienen los correspondientes seguros y planes de previsión.

Este presupuesto es un chollo, ya que nos permitirá poder ver cómo es posible arrancar pequeños ahorros de muchas de las partidas de gasto en la medida en que la disminución de los ingresos lo requiera.

—*¿Y mejorar los ingresos?*

Va a ser difícil si han descendido los ingresos de uno de los dos cónyuges, aunque tal vez con los ingresos de la devolución de la renta que ambos consiguen por separado, o en cuanto que las retenciones a cuenta del IRPF han descendido.

Es un presupuesto muy completo que refleja un entramado económico bien estructurado, aunque se aguanta por los pelos. Es muy dependiente de los ingresos de ambos cónyuges, que no se pueden relajar lo más mínimo. Siempre están en una situación de equilibrio inestable.

Como los dos tienen que trabajar fuera de casa –la mujer también en casa–, necesitan mucha ayuda externa y consumir mucho fuera de casa, con lo que gastan demasiado en ello. Tienen que estar «a la que salta» para no desperdiciar ningún ingreso extra que se les presente, ya que todo es bienvenido y el futuro de los hijos llama amenazador a su puerta. Pero no corren peligro porque son una pareja previsora y tiene un plan de pensiones que cuidan con esmero y alimentan en la medida que sus ingresos y ahorros lo permiten.

En el año 2008 han tenido una situación prácticamente equilibrada, con un déficit insignificante de 474 €, pero el año 2009 se presenta más problemático por una disminución significativa de los ingresos.

Hablarle de ahorro e independencia financiera a esta honrada familia que paga impuestos, lleva a sus hijos a colegios privados y los educa ecológicamente en el reciclaje y el respeto a los demás parece un mal chiste, porque lo que tienen que hacer, en primera instancia, después de ver cómo ha menguado su patrimonio, es reajustar fuertemente sus consumos.

Reparto de ingresos y gastos

Llegamos a la parte interesante y prometida para comprobar –ante vuestra incredulidad manifestada hasta aquí– que no somos dueños de todos nuestros actos. Vivimos condicionados por el trabajo, el jefe, los hijos mediopensionistas y los presupuestos que nos acogotan y sólo nos dejan gestionar una parte mínima de nuestros ingresos para elegir libremente los consumos. La mayor parte está comprometida de antemano y no nos otorga demasiada libertad.

PRESUPUESTO FAMILIAR (€)

	Mensual	Bimestral/trimestral	Año 2009 Anual	Año 2010 Mensual	Año 2010 Anual	Ajuste 2010 Mensual	Ajuste 2010 Anual
Hipoteca	1.335		16.020	1.335	16.020	1.200	14.400
Préstamo coche	268		3.216	268	3.216	268	3.216
Tarjetas de crédito	35		420	35	420	20	240
ADSL + teléfono + móviles	215		2.580	215	2.580	200	2.400
Agua	49	98	588	51	617	51	617
Luz	59	118	708	62	743	62	743
Gas	34	68	408	36	428	36	428
Seguro coche	55		660	52	627	52	627
Seguro hogar	11		132	11	132	11	132
Seguro salud	45	135	540	45	540	45	540
Plan pensiones	650		7.800	650	7.800	650	7.800
Colegios y libros	900		10.800	1.020	12.240	1.020	12.240
Comida y asistenta	1.100		13.200	1.200	14.400	1.050	12.600

PRESUPUESTO FAMILIAR (€)

	Mensual	Bimestral/trimestral	Año 2009 Anual	Año 2010 Mensual	Año 2010 Anual	Ajuste 2010 Mensual	Ajuste 2010 Anual
Hogar y estancias externas	164		1.968	164	1.968	130	1.560
Mantenimiento del hogar	87		1.044	87	1.044	60	720
Vestido, calzado y ornamentos personales	145		1.740	145	1.740	120	1.440
Transportes	180		2.160	180	2.160	150	1.800
Comunicaciones (fax, correo..)	23		276	23	276	23	276
Salud	74		888	74	888	74	888
Ocio y entretenimiento	360		4.320	360	4.320	250	3.000
TOTAL	5.789		69.468	6.013	72.160	5.472	65.668
SALARIOS BRUTOS	7.876		94.512	7.500	90.000	7.500	90.000
SALARIOS NETOS	5.749		68.994	5.475	65.700	5.475	65.700
AHORRO/DEUDA	-40		-474	-538	-6.460	3	32

No vale sacar la rebeldía inútil y decir que no, que se puede decidir sobre todo ello y que puedes dejar de pagar la hipoteca; ni decir en un momento de bravuconería que podemos sacar a los chicos del colegio y gastarse el plan de pensiones, que es de libre disposición. Lo del colegio no te lo permitiría tu mujer ni tu conciencia, y lo del plan de pensiones Hacienda, a riesgo de tener que devolver lo desgravado por ese concepto. Como casi siempre, te encuentras atado y tu libertad es escasa.

DISTRIBUCIÓN DE INGRESOS	€	(%) 2008	(%) 2009
SALARIOS BRUTOS	94.512	100,0%	100,0%
RETENCIONES A CUENTA y SEG. SOCIAL	25.518	26,5%	27,0%
SALARIOS NETOS	68.994	73,5%	73,0%
HIPOTECA + PRESTAMOS + TARJETAS	19.656	20,8%	19,8%
DOMICILIACIONES + COLEGIOS –ASISTENTA	20.319	29,9%	32,3%
SEGUROS Y PREVISIÓN	9.132	10,1%	10,1%
RESTO ADMINISTRADO	19.887	12,7%	10,8%
DÉFICIT	–474	–0,5%	0,0%

Hacienda se lleva, de entrada, el 27% de los ingresos brutos entre los descuentos por seguridad social y la retención a cuenta del IRPF. Después ya se hará la declaración de la renta anual, y es muy posible que salga negativa, ya que esta familia invierte mucho en la vivienda y también en su futuro.

La devolución es una partida que no hemos considerado aquí como fija. Después decidiremos si se destina a amortizar la tarjeta de crédito, la hipoteca o para las vacaciones. Pero se podría incluir para compararla con la devolución del año anterior o lo presupuestado en diciembre, que es cuando hay que darle el primer toque a la declaración de la renta.

Las deudas suponen otro 21 % que el banco nos descuenta inmisericorde y puntual cada principio de mes en cuanto ve llegar las nóminas. ¿Qué creíais, que era casualidad? Los bancos siempre son los segundos en cobrar, detrás de Hacienda.

Los demás gastos domésticos, los servicios y la asistenta suponen la mayor partida, con el 30 % pues todo ello supone el motor de la casa.

Lo poco que se puede dedicar a seguridad y al futuro es el 10 %, que es un porcentaje muy razonable para una familia que tiene que atender mil frentes. ¿Cómo le vamos a pedir a esa familia que dedique más, si tiene el 80 % de sus ingresos comprometidos de antemano?

El resto le queda a la familia para vivir y disfrutar con un presupuesto equilibrado y tan sólo un 0,5 % de déficit, es el 12,7 %. Muy poco.

Cuando se piensa en ahorrar, casi no queda de dónde echar mano. Además, ¿cómo podíamos pedirle a esta santa pareja que se apriete más el cinturón, si hacía malabarismos sobre la barra fija de sus ingresos?

Pero un elemento ajeno, la crisis, ha llegado a ellos en forma de disminución de sus ingresos y ahora tiene que hacer posible lo imposible y sacar agua en el desierto de su realidad económica.

Tendrán que hacer un planteamiento valiente para ver lo que pueden arañar a cada partida del presupuesto, empezando por las grandes partidas no comprometidas, hasta llegar a las pequeñas que puedan ayudar:

- La **hipoteca** ayuda un poco, ya que con la bajada del Euribor han descendido los pagos mensuales y, en el nuevo presupuesto ajustado para 2009, la hipoteca ha bajado su peso en el presupuesto global del 21 % al 20 %.

- Los **servicios domiciliados, la comida y la asistenta** son gastos con muy poca elasticidad y, por ello, han aumentado su peso en el presupuesto global del 30 % al 32,3 %.

- Por el contrario, **los gastos de libre disposición,** o resto administrado, han bajado del 12,7 % al 10,8 % porque es en los gastos superfluos donde se ha de recortar.

También tendrán que buscarse cómplices que puedan acompañar en tan largo viaje, hasta conseguir la añorada independencia financiera que ahora parece alejarse en el tiempo. Hay muchos proveedores dispuestos a ayudar si se les dice cómo, desde el banquero, que puede rebajar unas comisiones sobre las cuentas bancarias o transferencias, hasta el seguro del coche, que puede resultar un poco más barato por el descenso generalizado de la siniestralidad, y de la este matrimonio, en concreto, que no ha dado partes de siniestros en dos años.

Ahorrar, gastar, invertir, previsiones
Para aprovechar al máximo los gastos y consumos y racionalizar los ahorros que se proponen hay que evaluar muy bien las características y funcionalidades de cada una de las salidas de dinero, porque no todas tienen la misma importancia ni la misma durabilidad:

Ahorros
Vale la pena insistir en la importancia del ahorro, a pesar de su desprestigio social y de que parecía un concepto antiguo porque teníamos la mala imagen de todos los caprichos a los

que renunciamos de pequeños para ahorrar unas pesetillas y lo poco que nos sirvieron después. Pero la crisis ha devuelto las cosas a su sitio de siempre y ha restituido su adecuado significado y valor a conceptos como el ahorro.

El ahorro se va posicionar de nuevo como un concepto digno que podemos practicar con elegancia. Nos permitirá disfrutar en el futuro de bienes y servicios que no podríamos conseguir de otra manera, tan sólo con privarnos ahora de caprichos inútiles y a veces perjudiciales para nuestra salud.

Gastar

El gasto es gasto y poco más. Puede y debe haber satisfacción en lo que se compra y se disfruta, pero es una compra que se consume o se deprecia desde el momento en que sale de la tienda y, cuanto se agota, hay que renovarlo. Las vacaciones y la casa son claros ejemplos de gasto e inversión. Con todas sus consecuencias.

A pesar de todas las maldiciones del gasto, no quiere decir que no debamos gastar. Pero hemos de maximizar la satisfacción de su disfrute, prolongar la vida útil de lo que compramos y ser conscientes de su naturaleza efímera.

Invertir

Aquí sí que de nuevo las cosas juegan a nuestro favor. Las inversiones permanecen y se consideran como tales porque son necesarias para producir otros bienes o para trabajar, y aumentan de valor con el tiempo. Podemos tomar como ejemplo el coche, que es un gasto, porque nada más salir del concesionario ya vale menos de lo que has pagado por él, teniendo en cuenta, además, que lo has tenido que asegurar. Si lo traspasases, el seguro no serviría para el nuevo comprador.

Si lo utilizas para recreo y ocio es un completo gasto. Mientras que si lo utilizas para ir a trabajar y llevar a los niños al colegio es una inversión, porque sirve de motor para otros ingresos o reducir gastos de transporte escolar.

La vivienda ha sido tu gran inversión, ya que, en los últimos cuatro años, habías amortizado un 20 % de la hipoteca y había duplicado su valor. Aunque te lamentas de que la crisis la ha desvalorizado. Sin embargo, tienes las mismas piedras –ladrillos– en el mismo sitio donde las tenías y las necesitas para vivir. Por lo que puedes esperar a que vuelva a los niveles anteriores mientras terminas de amortizar tu hipoteca. Las bondades de la inversión.

¿Es importante ahorrar e invertir?

Tú lo sabes bien. No hay otro camino para conseguir la independencia financiera que te has propuesto: ahorrar e invertir. Cuando estábais tu mujer y tú solos, tenías la sensación de que trabajabais, salíais, disfrutabais y os llegaba para todo con holgura. Pero desde que os metisteis en la hipoteca y han ido llegando los hijos, el presupuesto se ha vuelto en contra de vosotros y no hay manera de domesticarlo.

Por eso estáis convencidos –sin que os insista mucho en ello– de que éste es el camino, mientras llegan los ascensos soñados que os permitirán perseverar en este proceso de ahorro e inversiones, los dos elementos que van a jugar más claramente a vuestro favor.

Ahorrar antes de empezar a gastar

Como ya te imaginas por el título amenazador de este epígrafe, el ahorro es la primera partida que has de dotar en tu presupuesto. Para ella siempre habrá fondos, antes de que aparezcan los acreedores en fila con sus recibos y cargos.

Esta partida estaba la última cuando no utilizabas estos presupuestos y era lo que te sobraba —nada— a final de cada mes. Ahora entiendes que debe ser una partida más de tu presupuesto y debes preverla a principios de mes. Si después no llega para todo, verás que en los siguientes capítulos te autorizo a usar la tarjeta de crédito.

Si entiendes esto, ya no hace falta insistir en que el ahorro es lo que te sobra entre lo que ganas y lo que gastas. Puedes ver que le hemos dado la vuelta a la tortilla —pensamiento lateral de Edward de Bono—, como hacen los bancos con los préstamos y las hipotecas, que les cambian el nombre para modificar su percepción.

Capítulo 3

TU BANCO HA DE SER TU ALIADO

Como ya he comentado antes, las relaciones que mantenemos con las entidades financieras se van a ver cuestionadas ahora en todos sus aspectos porque todos los resortes, mecanismos y valoraciones están sometidos a juicio y muy afectados por la crisis.

- Los que tienen **acciones** las han visto depreciarse en más del 50 %, aunque normalmente tener acciones de un banco o de una petrolera es un hecho bastante independiente de las relaciones comerciales con los bancos. Pero otras veces no, porque fue el director de la sucursal quien te las recomendó o colocó en una ampliación de capital.
- Los que tienen **fondos de inversión** los han visto muy mermados o los pueden tener retenidos y sin poder disponer en dos años. De las inversiones en fondos de Madoff ya hemos hablado para compadecernos más bien poco por ellos y no creo que tú seas uno de los afectados por su estafa piramidal.

- Los que tienen cuentas a **plazo fijo** las tienen a buen recaudo, sin haberse visto afectadas, aunque les habrán bajado algo los intereses al vencimiento y en la renovación.
- Los que tienen **planes de pensiones** dependerá, de la parte que tengan invertida en renta variable, según ellos hayan decidido o les hayan recomendado, el porcentaje en que les habrá bajado su valoración y expectativas.
- Si tienes una **hipoteca** y la sigues pagando puntualmente porque tus ingresos todavía te lo permiten, se ha vuelto más amigable porque está bajando sus cuotas y las puede bajar mucho más todavía.
- Si tienes una **cuenta de crédito**, ay, ay, ay. Seguro que está a tipos de interés muy altos en relación al tipo básico del BCE (Banco Central Europeo), cercano al 1 %. O del Euribor, por debajo del 2 %. Aunque estas cuentas no se suelen indexar. Pero el problema puede estar en que tu banco no sea muy dado a renovarlas y, si lo hace, a tipos de interés todavía mayores.
- Las **tarjetas de crédito** siguen bien. Aunque a tipos de interés muy altos y con unas comisiones anuales muy elevadas.

Y así todos los productos bancarios de ahorro, inversión, gestión, financiación, domiciliaciones, medios de pago, cajeros automáticos, tarjetas de débito y de crédito, planes de previsión, seguros, transferencias nacionales y al extranjero... Los bancos tienen de todo para todos los segmentos y a los mejores precios que adecúan en cada momento a las circunstancias del mercado y la coyuntura para mantener su rentabilidad y dar el servicio que la sociedad requiere.

Pero en estos tiempos de crisis sin paliativos que a ellos les afecta en todos sus frentes, pues tienen todo tipo de productos, nosotros, sus clientes, hemos de saber cómo defienden sus intereses para que podamos encajar los nuestros en ellos y no nos veamos afectados en demasía por sus políticas restrictivas o encarecedoras de los productos.

El sistema financiero español

El sistema financiero español está formado por bancos, cajas de ahorros, cajas rurales, cooperativas de crédito y otras entidades de financiación y, en su conjunto, está demostrando ser muy solvente ante la crisis como fruto de las fuertes medidas de supervisión que, desde hace muchos años, ejerce el Banco de España sobre todas ellas. Materializadas en forma de mantenimiento de fuertes coeficientes de capital y solvencia y reglas restrictivas de asunción de riesgos y fuertes dotaciones sobre ellos.

Esto no quiere decir que no estén padeciendo fuertes tensiones de todo tipo, unas fruto de las tensiones de liquidez y solvencia de los mercados internacionales y otras específicas del mercado español, como es la caída de los precios de la vivienda y la no materialización o quiebra de importantes promociones inmobiliarias. Esto ha afectado a todas las entidades financieras en sus cuentas de resultados y a alguna la ha llevado a una situación difícil, como ha sido el caso de alguna caja de ahorros que ha tenido que ser absorbida por otra.

Pero no hemos visto el caso de ninguna entidad en quiebra —aparte de la caja fusionada y socorrida por el dinero público—, o nacionalizada, como ha pasado con algunas de primera línea en Estados Unido, Reino Unido o Alemania, además de muchas otras en países como Holanda o Islandia.

El sistema financiero español es un sistema muy autóctono – como no ha pasado en mercados como la gran distribución o la automoción–, que no ha sido adquirido ni superado por la banca internacional, que mantiene una cuota de mercado muy residual debido a:

- La fortísima evolución de la informatización de todos los procesos y sistemas de medios de pago.
- La amplia red de sucursales con pocos empleados por sucursal.
- Y la muy escasa relevancia del papel como instrumento de pago. O sea, los cheques.

Y de la misma manera que ha podido resistir, desde hace treinta años, las corrientes invasoras internacionales, ha sabido mantener un estilo de distribución propio basado en las características que he señalado y, por otra parte, una solvencia y una capitalización propiciadas por la supervisión y control estricto del Banco de España que ahora se han demostrado fundamentales para afrontar esta crisis.

Las entidades que están viendo afectada su cuenta de resultados en mayor medida se debe a su fuerte exposición al sector inmobiliario y, en concreto, a operaciones fallidas de gran volumen. Algunas entidades han podido asumirlas por la solidez de su cuenta de resultados y sus provisiones, mientras que otras han incurrido en pérdidas importantes.

Productos básicos ante esta crisis

Nómina

La nómina se ha convertido de nuevo en el producto estrella y la llave que abre todas las demás puertas bancarias. A las tarjetas de crédito, al préstamo personal y a la hipoteca. La nómina demuestra que tienes un trabajo y es tan importante como tu patrimonio, si lo tienes, y la garantía básica cuando todavía no lo tienes y quieres acceder a él mediante la compra de vivienda.

Por eso, las entidades financieras se están volcando en la batalla por conseguirlas con ofertas comerciales muy agresivas. El trabajo estable es el mayor bien que puede poseer una persona en estos tiempos de crisis y, por ello, la domiciliación bancaria de la nómina y los recibos cotiza al alza.

El trabajo de funcionario o similar ha vuelto a primera línea y es la mejor garantía cuando la inmensa mayoría de sectores están en crisis y los más boyantes de otras épocas –inmobiliario y automóviles– en clara decadencia.

Pensión

Al igual que la nómina, la pensión de los jubilados es perseguida por las entidades financieras porque es la garantía de una relación estable y la promesa de otros fondos o cuentas a plazo, ya que los pensionistas suelen estar ya alejados de los préstamos y son buenos proveedores de fondos.

Tarjetas

Las más amigables y las menos peligrosas son las tarjetas de débito. Cajero va y viene y pagos cargados al momento en la cuenta corriente. Fieles, dóciles, manejables, amigables, sin sobresaltos ni sustos.

Las tarjetas de crédito son más peligrosas. Porque nos permiten consumir muchas veces, aunque no tengamos fondos. Bien es verdad que a veces nos salvan de sustos y son imprescindibles para los viajes, pero se han de tratar con el cuidado que merecen.

Hipoteca inversa

Éste es un producto mixto, que combina una parte de producto bancario, la hipoteca, con otra parte de seguro porque, según un cálculo acerca de la esperanza de vida, establece la renta vitalicia que se puede percibir a cuenta de hipotecar la vivienda.

La hipoteca inversa es un crédito con garantía hipotecaria dirigido a mayores de 65 años en el cual la entidad financiera paga una renta mensual temporal o vitalicia al titular, sin perder la propiedad de la vivienda.

Puede tratarse de cualquier tipo de vivienda y el valor de tasación tiene en cuenta tanto el valor actual, como la revalorización futura de la vivienda hasta el fallecimiento del titular, y que en estos tiempos de penuria inmobiliaria se valora entre un 2 % y un 4 % anual.

A la muerte del titular, los herederos disponen de unos seis meses para proceder a la cancelación o subrogarse en la deuda existente y devolver el préstamo como si de una hipoteca normal se tratase. En caso contrario, la entidad financiera procedería a la venta de la vivienda, liquidación de la deuda y devolución de la cantidad sobrante.

En el caso de un hombre de 75 años con una vivienda valorada en 500.000 € podría obtener una renta vitalicia de unos 1.300 € mensuales. Los hombres suelen cobrar más que las mujeres porque su esperanza de vida es menor.

Tipos de interés y comisiones

Este servicio de primera, a la carta, con miles de sucursales por todas partes, empleados atentos, informática muy eficiente, operaciones *on line,* banca personal, etcétera, tiene un precio: Intereses por el dinero que te prestan y Comisiones por los servicios.

Los intereses están claramente justificados. Además, a los tipos actuales, que permiten que por una hipoteca puedas estar pagando menos del 3 %, parecen aceptables. Aunque por un crédito para el coche, puedes estar pagando cerca de 9 % y es posible que suban en el futuro inmediato debido a la escasez de fondos que padece el sistema bancario.

Y las comisiones nos martirizan, porque nos cobran por muchos servicios que consideramos que debían estar incluidos de manera gratuita en las cuentas de gestión, aunque al final las aceptamos resignados en algunos servicios como:

- **Tarjetas**, por tenerlas y por usarlas.
- **Transferencias**, por enviarlas.
- **Cheques**, hasta por ingresarlos (si te dejas, claro).
- **Créditos y préstamos**, por abrirlos, por estudiarlos, por usarlos, por no usarlos, por cancelarlos, por amortizar a cuenta.
- **Cajeros automáticos**, por utilizarlos, a no ser que sea en los de la propia entidad (de momento).
- **Moneda extranjera y cheques de viaje.**
- **Operaciones bursátiles.**

Si comparas las comisiones pagadas en un año con los 300 o 400 € que dilapidas en propinas, verás que es un servicio inmejorable y a buen precio que vale la pena pagar. Y si hace falta, discutirlas, pues las comisiones son justificables y son la retribución de un buen servicio, pero todas son discutibles y negociables, como los tipos de interés.

Tu director de sucursal ha de ser tu guía

El director de tu sucursal ha de ser tu aliado para muchas cosas. Te lo voy a proponer después para que te ayude a comprar el piso y a elegir la mejor hipoteca. Pero también te has de apoyar en él para hacer que los servicios bancarios te ayuden a paliar los efectos de esta crisis.

Él ha de ser tu consejero y las relaciones con él han de ser fluidas y constantes, no para cada ingreso o cuando vas a presentar la declaración de la renta, pero sí cuando haces alguna operación de importancia o cuando acudes a él para pedirle consejo. Él está autorizado para negociar los tipos de interés y las comisiones hasta cierto nivel, a partir del cual tiene que consultar o pedir autorización a la regional, a la delegación territorial o a la jefatura de zona, pero puede conseguir condiciones más favorables para ti.

Tus aliados en esta batalla contra la crisis han de ser:

1. **Tu nómina, tu hipoteca, tu pensión, tu plan de previsión...** en definitiva, tu dinero, tus deudas pagadas puntualmente, tu buena historia y tu buen comportamiento con ellos.
2. **La sucursal más cercana de la competencia,** ha de ser el punto de comparación para cortejar las soluciones que te ofrezca tu banquero personal.

Pero el camino para avanzar en esta crisis pasa por la solidez de tu patrimonio, la estabilidad de tus ingresos y una mejor administración de tu dinero, a la que, sin duda, te ha de ayudar tu banquero personal.

Las relaciones con él han de ser claras y fluidas y basadas en la transparencia y la confianza mutua. Y conjugando los intereses de ambas partes pueden salir soluciones para tus necesidades e intereses.

Tú has de acudir con los problemas que la crisis te haya creado y seguro que él, de acuerdo con la estrategia de su entidad, tratará de buscar contigo soluciones. De la misma manera, si la crisis te ha sonreído en forma de mayores ingresos o una venta acertada y a tiempo, te ofrecerán oportunidades de inversión interesantes y acordes con los nuevos tiempos.

Situaciones en que te puedas encontrar que requieran un reajuste de tus relaciones bancarias:

- **Has de cambiar de casa a una más pequeña.** El director de tu sucursal te aconsejará, te explicará la forma de financiarlo y la mejor manera para obtener y gestionar el sobrante que esperas obtener.
- **No puedes seguir pagando la hipoteca.** Podréis negociar una prolongación del plazo o abrir un nuevo período de carencia en que sólo pagues intereses.
- **Tus ingresos han disminuido.** Te ayudará a adeudar tus pagos en función de su importancia e inexcusabilidad o financiar parte del consumo no asumible.
- **Necesitas financiar una compra de bienes duraderos.** Está claro. Tu nómina y tus ingresos serán tus aliados para obtener la financiación necesaria.
- **Necesitas más dinero para gastos mensuales.** Un crédito temporal *revolving* o incrementar límites en la tarjeta de crédito te pueden ayudar.
- **Has de disponer de tus ahorros a plazo.** Siempre hay solución en forma de un crédito temporal o disponer del plazo con una pequeña penalización sobre los intereses, no sobre el capital.
- **Tu plan de pensiones se ha desvalorizado.** Veréis la oportunidad de volver todo a renta fija o esperar la recuperación. Y si ya has de disponer de él porque te quieres

jubilar, los cálculos financieros y fiscales para hacerlo en forma de renta o por el total del capital.

- **Tu fondo de inversión o tus acciones están por los suelos.** Te puede orientar sobre esperar o reconducir tu inversión, aunque, al final, tu criterio sobre si va a llegar ya la recuperación de la Bolsa o va a caer más puede ser tan fiable como el suy. Pero te puede orientar sobre el tipo de valores para volver a tomar el carro de la subida o estar más cubierto ante nuevas bajadas.

Y cualquier otra situación financiera en que te encuentres y quieras mejorar o paliar en sus efectos negativos o mejorar los positivos. El director de tu sucursal ha de ser tu aliado en esta crisis, fiel guardián de tu dinero y consejero fiable en tus decisiones financieras.

Capítulo 4

LA VIVIENDA Y SU HIPOTECA

Nuestra vivienda actual y su hipoteca

Los más necesitados de consejo son los que quieren entrar en este mundo de propietarios y no se atreven. Pero hay tiempo para todo, y ahora hemos de reflexionar sobre la situación en que nos encontramos los que ya hace años que poseemos una vivienda que se está desvalorizando mientras que la hipoteca, si no está totalmente amortizada, sigue impasible, con un estado de salud inmejorable, y dispuesta a durar muchos años. Aunque está moderando sus mensualidades.

Dicen los expertos que la situación económica de EE. UU. no se estabilizará hasta que desaparezca todo el apalancamiento en el que se encontraban. Vivían en el aire, consumiendo sus expectativas de futuro, ya que sus viviendas valían cada vez más. Pero cuando esto se acabó y el valor de las viviendas, como señalábamos al principio, recuperó la normalidad, situándose muy por debajo del último valor de adquisición, toda la pirámide se desmoronó y nos arrastró a los demás con ellos, porque también vivíamos en nuestra nube particular.

Pues en el caso de nuestras viviendas nos ha pasado lo mismo o algo parecido, ya que valen o pueden llegar a valer el 60 % o 70 % de la valoración de mercado del año 2007, mientras que la deuda hipotecaria ha disminuido muy poco en estos dos años, aunque ahora dulcifica y va a endulzar todavía más sus pagos.

En este nuevo escenario, vamos a considerar tres situaciones para tratar de analizar las consecuencias que pueden acarrear para sus moradores:

• **Viviendas adquiridas los dos últimos años** y con una hipoteca del 100 % sobre su tasación. Tienes un patrimonio neto negativo del 50 % de tu hipoteca. Si compraste por 210.000 €, debes prácticamente 200.000 € y tu vivienda vale 120.000 €. Patrimonio negativo 80.000 €. Si tus ingresos se mantienen estables o casi iguales que los años anteriores, puedes soportar la situación y esperar que en 5 años el valor de tu vivienda y la deuda de tu hipoteca se equilibren y hagas las paces. Como firmaste a un tipo de interés cercano al 5 % (Euribor+diferencial) y ahora esos tipos de interés se van a situar alrededor del 2 %, puedes seguir pagando lo mismo y reducir el plazo de tu hipoteca de 30 a unos 20 años.

Si tus ingresos fallan, debes acudir a tu entidad bancaria para tratar de consensuar un plan de salvamento en que pagues sólo los intereses o te pongan un alquiler temporal con la posibilidad de reengancharte a la propiedad en dos o tres años, o abandonar tu vivienda y entregar las llaves para que procedan al embargo. Pero si la venta de la vivienda no cubre la deuda de tu hipoteca, pueden hacerte responder con parte de tu patrimonio o que asumas con otro crédito esa deuda. Catastrófico.

- **Viviendas adquiridas hace 2 o 7 años** con una hipoteca del 80% del valor de tasación. Compraste una vivienda por 180.000 € y te prestaron 150.000 €; a finales de 2007 valía 300.000 € y tenías una deuda de tan sólo 120.000 €. Patrimonio neto en 2007 de, 180.000 €. Coche renovado, buenas vacaciones, Playstations, móviles a destajo, etcétera. Pero ahora tu vivienda vale alrededor de 200.000 € y menos mal que ya sólo debes 100.000 € de la hipoteca. Patrimonio neto 100.000 €, cuando al abordar la compra de la vivienda tenías los 50.000 € que pusiste para el 20% no financiado y los gastos. No está mal del todo.

  Tendremos que ajustar los gastos a los ingresos pagando menos de hipoteca o lo mismo para reducir plazo. Somos bastante menos ricos de lo que nos creíamos y sin esperanza de volver a esos años de prosperidad virtual que hemos disfrutado sin esperarlo y quizás sin merecerlo. En esta nueva situación todo adquiere una nueva dimensión más real en que todo volverá a valer por lo que es, más que por las expectativas de lo que puede llegar a ser.

- **Viviendas adquiridas antes de 2000**, en el siglo pasado, y con la hipoteca amortizada o prácticamente a punto de fenecer. También somos menos ricos, pero al no tener ya deudas, podemos equilibrar nuestros presupuestos de gasto en función de los ingresos y volver de una manera pausada y satisfactoria a recomponer esta escala de valores que teníamos desajustada. La vuelta a los presupuestos controlados, al endeudamiento comedido, a la austeridad, al ahorro y al disfrute en familia o con los amigos de las cosas hechas a mano –desde un gazpacho a una estantería para libros– y las hechas a pie –desde ir al trabajo andando a subir las escaleras hasta el tercer piso de tu casa para mantener en forma tus piernas y tu corazón–.

Y en lugar de soñar con una jubilación de oro y el master de los hijos en EE. UU., una jubilación de plata por tus canas y tu mayor templanza y sabiduría y un master del Erasmus que les permita conocer la Europa que soñamos.

Como esquema general, y me aparto de la vivienda, aunque es la pieza fundamental que, junto a la familia y al trabajo, rige nuestras vidas, hemos de replantearnos un escenario en que nuestro patrimonio sea inmobiliario o de inversiones, está al 60 o 70% de su valoración en el 2007 y nuestros ingresos según se hayan o se vayan a ver afectados. Y, en función de todo ello, deberemos ajustar nuestros comportamientos personales, laborales y familiares y con ellos los presupuestos económicos.

Estamos ante una nueva realidad –nada de riqueza virtual– en que todo va a ser diferente, y tendremos que adoptar valores y comportamientos de siempre, aderezados de una manera nueva en este escenario cambiante de la globalidad que internet mete en nuestras casas.

Si junto a tu pareja quieres comprar una vivienda, vas a hacer la gran operación financiera de tu vida y seguramente os vais a enfrentar a un mundo desconocido lleno de incertidumbres. Y si esto ya era problemático en circunstancias normales, ahora, con la crisis, se ha complicado aún más. El precio de la vivienda ha caído mucho, pero no sabes si ya ha tocado fondo o va a caer todavía más.

Las noticias de la prensa y los informes de las sociedades de tasación certifican bajadas importantes en los últimos trimestres, aunque nos parece que dulcifican las cifras. Como las sociedades de inversión suavizan las caídas de los fondos de inversión o las entidades financieras te alaban sus productos y su seguridad. Pero tú sabes que tu plan de pensiones vale menos o el tipo de interés que pagas en tu cuenta de crédito te lo van a aumentar a su renovación. Si te la renuevan, claro.

En las informaciones que te dan los agentes intervinientes en el mundo financiero, en el bancario o en el inmobiliario, siempre se ha de filtrar la parte de interés que tienen ellos en el asunto, para quedarte con la parte de verdad o razón que hay en sus apreciaciones y, al final, tomar tú, de acuerdo con tu pareja, la decisión.

Y no vayas nunca con la boca abierta pidiendo información y diciendo que eres neófito o no sabes nada sobre un asunto, porque te van a colocar la última ganga, nefasta para ti y redentora para ellos.

Antes de enfrentarte a una situación de toma de decisiones importantes, lee, infórmate, consulta con expertos o amigos informados y después acude al foco de la decisión. Busca información en sectores entremezclados en un asunto, como banca e inmobiliario, o autos y banca. Y si no te es posible, acude primero a la competencia y después al sitio donde piensas que te va a interesar hacer la operación.

Al consultar la oferta inmobiliaria en prensa o internet, ves precios razonables en tu barrio o donde querrías ir a vivir y, a veces, auténticas gangas en promociones nuevas ya terminadas que no se venden. Y carteles «En venta» en todos los edificios y calles de la ciudad. Por eso, piensas que quizás es buen momento para comprar y los precios son asequibles, con el Euribor casi al 2 %. Sin embargo, los estudios publicados de alguna entidad financiera de primer nivel todavía pronostican bajadas para este año y para 2010.

La pieza fundamental de esta operación ya no es la hipoteca, que parece haberse situado en unos parámetros razonables y amigables, sino saber que los precios de los pisos han llegado a una base sólida a partir de la cual volverán a recuperarse, aunque sea de una manera más moderada. Por eso tendrás que analizar y ponderar toda la información que caiga en tus manos y consultar con amigos y expertos, para tomar después tu decisión: comprar, esperar, alquilar.

Por lo menos puedes ir mirando el mercado más de cerca, viendo los pisos ofrecidos, comparando precios y ofertas, buscando pisos que las entidades financieras ofrezcan en mejores condiciones procedentes de hipotecas individuales o promociones enteras ya terminadas. Si dudas de que sea todavía un buen momento para comprar, por lo menos puedes seguir el mercado de cerca, ser más exigente en tus requerimientos y buscar una oportunidad. No una ganga, ya que las gangas en el tema de la vivienda se han de analizar y evaluar con mucho cuidado y en detalle. Pero puedes encontrar una buena oportunidad en buenas condiciones.

Si decides comprar, necesitarás una hipoteca y la tendrás que elegir en función de las ventajas que te ofrezca tu entidad financiera habitual –donde tienes domiciliados la nómina, las tarjetas y el préstamo del coche–, la entidad con la que esté hipotecada la vivienda nueva que vas a comprar, o la entidad que mejores condiciones te ofrezca.

En cualquiera de los casos, necesitáis tener cierta idea de todo el proceso de búsqueda de la vivienda y elección de la hipoteca. Es la gran operación financiera e inmobiliaria de vuestra vida. Por ello os interesa hacer el camino de la mano de un experto que os aconseje y os asesore, tanto para elegir la casa como para elegir la hipoteca.

Si no tienes a ningún otro experto a mano, mi consejo es que avances de la mano del director de tu sucursal bancaria. El director de tu sucursal firma dos hipotecas como la tuya cada semana y él te ayudará encantado, te aconsejará sobre los pasos que hay que dar y, al final, te ofrecerá unas buenas condiciones. Y si no te lo parecen, estarás en total libertad para no aceptar, argumentando que la competencia te ofrece mejores condiciones. Seguramente él tratará de mejorarte esa oferta por tu antigüedad y trayectoria con ellos.

Acceso a la vivienda: comprar o alquilar

Seguro que ya has considerado esta cuestión o has pasado unos años en alquiler, por lo que tienes claro que quieres tener una vivienda en propiedad, pues consideras que lo que pagas de alquiler es dinero desperdiciado, tiene muy pocas ventajas fiscales, siempre dependiendo de cada comunidad autónoma, y sólo se justifica como período transitorio mientras se acumula capital para la entrada del piso que quieres tener en propiedad.

No obstante, hay un mercado de alquiler de viviendas que las distintas administraciones públicas tratan de potenciar mediante políticas sociales y fiscales. Ahora se pretende subvencionar la reforma de viviendas cerradas que se rehabilitan para alquilar, y es posible que se les otorgue alguna ventaja fiscal que desgrave.

Si hay un mercado, seguramente algunos de vosotros estáis en esta situación o pensáis que es el primer paso para independizaros. Formáis parte de ese 10 % de personas o familias que viven de alquiler. El 90 % restante tenemos una vivienda en propiedad. Bueno, en propiedad del banco o caja que nos ha dejado la hipoteca. El mercado español es un tanto especial, comparado con nuestro entorno. En España, todos queremos ser propietarios debido a que el alquiler de la vivienda no puede competir financieramente con la propiedad, sobre todo en momentos de alzas espectaculares de precios en la vivienda, como hemos vivido en los últimos años.

Sin embargo, el alquiler puede resultar atractivo para aquellos segmentos que no pueden o no quieren plantearse la compra de una vivienda, sea por razones sociales, personales o financieras. Aunque la compra tiene importantes ventajas fiscales y de revalorización, una persona –o una pareja– puede tener una renta baja que le impida acceder a las inversiones que una compra podría requerir.

Suelen ser usuarios de las viviendas en alquiler:
- Estudiantes y residentes extranjeros.
- Emigrantes recién llegados.
- Jóvenes recién independizados.
- Estudiantes desplazados.
- Personas recién separadas.
- Personas mayores que siempre han vivido así.
- Familias unipersonales de renta baja.
- Y ahora será una opción interesante para parejas pendientes de decidir la compra de vivienda a la espera de que se estabilice el mercado.

Para estas personas o familias, la opción de alquilar puede ser la escogida porque tiene una serie de ventajas:
- Menor coste que la compra.
- Resuelven su necesidad de manera temporal ante su permanente movilidad.
- Posibilita compartir usos y costes con compañeros ocasionales, no permanentes.
- Tiene un acceso más rápido que la compra, al ser más lenta y meditada, no permite.
- Posibilita una movilidad que la vivienda en propiedad condiciona.
- Facilita estadios transitorios hacia la compra.

Como principal inconveniente del alquiler he de volver a destacar, además de lo limitado de las ventajas fiscales, la inutilidad del dinero pagado en alquiler. La compra de vivienda es una inversión, y el alquiler es un gasto.

Volviendo a tu caso, hace ya tiempo que tu pareja y tú creéis que lo que se paga de alquiler es dinero perdido, así que lleváis unos años guardando unos ahorrillos para invertirlos en la compra de vuestra primera casa en propiedad. Los bancos financian ahora sólo hasta el 80 % del valor de la vivienda, por lo que siempre hace falta disponer de una parte que se debe aportar. Por ello, muchas veces es necesario pasarse unos años de alquiler o sin independizarse, hasta conseguir ahorrar el 30 % del importe de la vivienda que se quiere comprar.

Las entidades financieras han aumentado las exigencias para conceder una hipoteca en cuanto a las garantías y la capacidad de pago de la pareja que demanda la hipoteca y concede solamente hasta el 80 % del valor de tasación de la vivienda, con lo que es necesario tener del orden del 30 % del valor de la vivienda que quieres comprar, porque otro 10 % se te va a ir en impuestos, escrituras y otros gastos.

Como casi todas vuestras finanzas, al final todo va a depender de vuestra capacidad de pago y de la nómina que tengáis entre los dos. Amor sin medida y las garantías y pagos, como los disfrutes, compartidos entre los dos.

La búsqueda de la vivienda

Los pasos más habituales para encontrar la vivienda de vuestros sueños son los siguientes:
1. Recorrer los barrios que te interesan para ver los carteles en los balcones y las nuevas promociones.

2. Utilizar buscadores de pisos en internet.
3. Directamente, de particular a particular.
4. Acudir a una empresa promotora.
5. Acudir a un Agente de la Propiedad Inmobiliaria (API).
6. Consultar la sección inmobiliaria de la prensa diaria y de publicaciones especializadas.

Los elementos que influyen en mayor medida en el precio de la vivienda y, por tanto, conviene que estudiéis en detalle, son éstos:

a) **Las superficies.** El precio debe ser proporcional a su superficie, comparado con otras ofertas semejantes de la zona, y puede expresarse de dos formas:

- *Superficie útil.* Es la suma de las superficies de todos los espacios de la vivienda sin incluir las paredes. Normalmente, la superficie interior de la casa y de los balcones y la superficie de azoteas y patios se indican por separado.

- *Superficie construida.* Es la suma de la superficie útil más el grosor de las paredes y, a veces, la de patios y conductos de ventilación.

b) **La situación.** La elección de la zona condiciona el precio de compra de la vivienda y los gastos futuros. Por tanto, es importante que analices objetivamente algunos factores:

- *Servicios en la zona.* Comercios, escuelas, servicios sanitarios, centros de ocio, espacios verdes...

- *Desplazamientos.* Si hay transporte público, distancia del trabajo, facilidad de aparcamiento...

- *Orientación.* Comprobar si dispone de una buena orientación, si es exterior...

- *Cambios y mejoras.* Debes analizar con detalle las reformas o mejoras que son necesarias o que te gustaría hacer en la vivienda.

c) La calidad de la construcción. Aunque no seas arquitecto ni técnico en construcción, tienes que comprobar los niveles de seguridad, solidez y calidad de la construcción de la vivienda en función de muchos detalles que se ven a simple vista o pidiendo los informes pertinentes si es una obra de nueva promoción:

- *Estructura.* Si bien la estructura no es la parte que mejor vamos a poder evaluar a simple vista, no por ello es menos importante. En particular, debemos comprobar que no arrastre problemas como la aluminosis. También debemos valorar la aparición de grietas y humedades, así como los desprendimientos de las fachadas.
- *Nivel de los acabados.* Los acabados son importantes en los pisos nuevos: pintura, baldosas, parqué, zócalos, molduras, etcétera.
- *Aperturas hacia el exterior.* Las puertas y ventanas deben proporcionar luz, ventilación, vista y paso, un buen aislamiento térmico y acústico, además de evitar la entrada de agua.
- *Instalaciones.* Debes comprobar la calidad de los materiales con que está construida la vivienda. No des por sentado que todo es de primera ni tan bueno como te dice el vendedor. En concreto, ten en cuenta estos parámetros:
- *Aislamiento térmico.* Aislamiento de la vivienda respecto a la temperatura exterior.
- *Agua.* Todos los grifos deben funcionar correctamente y han de poderse abrir a la vez sin que se pierda demasiado caudal de agua.
- *Gas.* El tipo de gas utilizado por la vivienda: natural, ciudad o butano. Debes comprobar que la instalación se encuentra en buen estado.

- *Electricidad.* Debes asegurarte de que todos los enchufes tengan toma de tierra.
- *Calefacción.* Sistema de calefacción que tiene la vivienda: eléctrica, radiadores de gas, aire caliente, etcétera; central o individual.
- *Armarios empotrados.* Comprueba si en cada habitación hay uno y si están acabados.

Consejos para antes de comprar tu vivienda

Una vez has decidido la vivienda que deseas adquirir, debes realizar determinados trámites previos a la compra:

- Solicitar una **nota simple o nota registral** en el Registro de la Propiedad. Mediante este documento podrás comprobar que el vendedor es realmente el propietario de la vivienda y que dicha vivienda está totalmente libre de cargas (una hipoteca o una anotación de embargo). Como es muy difícil encontrar viviendas libres de cargas –todas tienen la hipoteca de construcción o la de adquisición si es una segunda vivienda–, podrías cerciorarte de que las únicas deudas registradas son las que te dice el vendedor y para cuyo pago y levantamiento registral éste tendrá que proveer fondos en el momento de la compraventa. Dado que las viviendas pueden transmitirse en documentos privados, comprueba la verdadera titularidad del propietario y su relación con el titular registral. Este trámite constituirá una garantía.

- Comprobar si la vivienda cumple las exigencias de **legalidad urbanística** y solicitar el certificado correspondiente en el ayuntamiento, donde podrás informarte de cualquier aspecto que te interese saber.

- Si la vivienda es de **primera construcción**, pídele al vendedor que te entregue los siguientes documentos:

– *Cédula de habitabilidad,* para cerciorarte de que el inmueble reúne las condiciones mínimas necesarias para poder ser destinado a vivienda.

– *Memoria de calidades,* con todas las características de la construcción, que te permitirá conocer los materiales y acabados de la vivienda.

– *Planos de la vivienda.*

• Si, por el contrario, la vivienda que vas a adquirir es de **segunda mano,** debes solicitar al vendedor:

– *Último recibo del Impuesto sobre Bienes Inmuebles,* ya que, si no está pagado, al final le tocará hacerlo al comprador de la vivienda.

– *Recibo del Impuesto sobre el Incremento de Valor de los*

– *Terrenos,* tributo que deberá pagar el vendedor.

– *Copia de la escritura de propiedad* de la vivienda.

– *Último recibo de la comunidad de propietarios (o certificado del administrador)* para cerciorarte de que está al corriente de pago de todos los gastos comunitarios, pues si no están pagados, revertirán sobre ti.

El préstamo hipotecario

La formalización del préstamo hipotecario te permitirá financiar la compra de la vivienda que hayas elegido. No se trata tan sólo de la garantía personal, porque el inmueble quedará afectado como garantía del pago del préstamo. Esa garantía permite que el interés de los préstamos hipotecarios sea inferior al que puedes encontrar en el mercado en el caso de un préstamo personal. También permite conseguir plazos mucho más largos, para que la devolución del importe del préstamo y de los intereses correspondientes puedas realizarla a través de cuotas más asequibles.

Modalidades

A pesar de la crisis, hoy en día los préstamos hipotecarios financian cualquier necesidad inmobiliaria que se te ocurra:

- Compra de primera vivienda.
- Cambio de piso o de casa.
- Construcción de tu propia vivienda.
- Otras necesidades, con la garantía que te deja libre tu hipoteca ya amortizada.
- La hipoteca puede ser revolvente, es decir, que se renueva sola en la medida que necesites volver a disponer de capital ya amortizado.

Cantidad que te concederán

A la hora de considerar el importe del préstamo que necesitas deberás valorar dos factores:

a) **El valor de tasación de la vivienda.** A través de una sociedad de tasación reconocida por la entidad financiera conocerás la valoración del inmueble y, al mismo tiempo, tendrás una referencia para saber si el precio fijado por el vendedor se ajusta a los valores del mercado. Por tanto, la tasación aumenta la seguridad de la entidad financiera y te sirve como criterio orientativo muy aproximado del valor de la vivienda.

b) **Tus ingresos.** El segundo factor que condicionará el importe que vais a solicitar con la hipoteca son los ingresos de la pareja, ya que deben permitir hacer frente al resto de gastos de la unidad familiar.

Plazo de amortización

Es el tiempo del que dispondrás para la total amortización del préstamo. Dada la importancia de la operación, en los préstamos hipotecarios es habitual llegar hasta los 30 años o plazos superiores dependiendo de la entidad financiera. Otra cosa es que tú debes determinar el plazo óptimo para tu situación, de manera que se optimicen los pagos que haces cada mes con el total de pagos que vas a realizar y el monto total que devolverás.

A la hora de decidir el importe que vas a solicitar y el plazo de devolución has de tener en cuenta los gastos totales de la operación, así como las cantidades que puedas necesitar para una posible reforma de la vivienda o para la compra del mobiliario.

Tendrás que encontrar el punto de equilibrio, ya que, cuanto más alargues el plazo, más intereses deberás pagar. Y si lo reduces demasiado, podría llegar a suponerte una pesada carga cada mes.

Sistemas de amortización

La mayoría de los préstamos hipotecarios que ofrecen las entidades financieras se amortizan mediante cuotas mensuales constantes que comprenden capital e intereses (sistema francés). Esto significa que cada cuota que pagues servirá, en primer lugar, para cubrir los intereses generados por el préstamo en ese período, y el resto para amortizar el capital pendiente de amortización. Cuando el tipo de interés es variable, en el momento en que se revise el tipo de interés —según la periodicidad pactada en el contrato— se recalculará una nueva cuota que se mantendrá constante hasta la siguiente revisión.

También puedes encontrar ofertas que contemplen cualquiera de los sistemas de amortización posibles:
• Cuota constante.
• Cuota creciente aritméticamente sin límite y con límite.

- Cuota flexible (por encima de los intereses).
- Con carencia y sin carencia.

Tipos de hipotecas según el tipo de interés

Las entidades financieras ofrecen básicamente tres modalidades de hipotecas: a interés fijo, variable o mixto. La elección dependerá de tus preferencias y de tu situación financiera.

Préstamo hipotecario a tipo fijo. El tipo de interés se mantiene fijo durante toda la vida del préstamo, independientemente de la evolución de los tipos de interés en el mercado. Pagarás cada mes la misma cuota. Normalmente se contrata por un período máximo de quince años, ya que las entidades financieras no quieren correr riesgos de subidas de tipos de interés a mayores plazos. Porque estos préstamos están soportados por emisiones de títulos a tipo fijo y al mismo plazo. A la hora de elegir entre préstamos a tipo fijo de diferentes entidades es importante que valores el tipo de interés y las comisiones.

Préstamo hipotecario a tipo variable. El tipo de interés de partida suele ser fijo para un período corto de tiempo hasta la primera revisión, normalmente para los primeros doce o más meses hasta coincidir con un período determinado en que la entidad revisa sus préstamos: trimestralmente, semestralmente, etcétera. Para el resto del plazo, el tipo de interés se revisa periódicamente en función de un índice de referencia (Euribor, IRPH, etcétera) al que se le suma un diferencial.

Por ejemplo, una oferta típica de un préstamo hipotecario puede ser a 25 años, al Euribor más un diferencial que en la actualidad puede ir desde un 0,50 % hasta un 1,50 %, y si te quieren poner diferenciales superiores, siempre compara con la competencia, aunque eso deberías hacerlo, para elegir entre préstamos a interés variable de diferentes entidades debes valorar:

- *El índice de referencia establecido y el diferencial,* que se le aplica. Piensa que este tipo de interés se va a aplicar durante gran parte de la vida de tu préstamo.
- *La comisión de apertura y el interés del primer año,* que será importante para poder comparar préstamos en que el tipo de referencia y el diferencial sean muy similares.
- *La comisión por amortización total anticipada,* que puede ser del 1 % como máximo (Ley 2/1994).

Préstamo hipotecario a tipo mixto. El tipo de interés que te ofrecen inicialmente las entidades se aplica de forma fija durante un tiempo pactado, que puede ser los dos o tres primeros años.

Para el resto del período, el tipo de interés se revisa en función de un índice de referencia (Euribor, IRPH, etcétera.) al que se suma el diferencial.

La cuota mensual que pagarás es fija los primeros años, en función del tipo pactado, y variará anualmente el resto del período.

Para elegir entre préstamos hipotecarios mixtos de diferentes entidades es imprescindible evaluar:

- El tipo de interés del tramo fijo y el tiempo que durará.
- El índice de referencia establecido y el diferencial que se le aplica para el resto de años.
- La comisión de apertura.
- La comisión por cancelación anticipada.

En las tres modalidades, como medida para comparar distintos préstamos, se utiliza la Tasa Anual Equivalente (TAE), que recoge todos los flujos de pagos que te hace el banco en el momento de abonarte el préstamo menos las comisiones y gastos de concesión y los pagos que tú vas a efectuar a lo largo de la vida de todo el préstamo.

Los cálculos para los años en que los tipos se han de revisar son ficticios, porque no se sabe la evolución futura de los índices de referencia, pero se ha de comprobar que las hipótesis coincidan. Normalmente se tomarán el tipo fijo de los primeros años y el tipo que resultaría de aplicar, en el momento de la concesión, la revisión pactada a los tipos existentes en el mercado.

Índices de referencia del mercado hipotecario

Comparar préstamos a interés variable puede resultar complicado debido a la existencia de diferentes índices de referencia o de revisión. Los más utilizados son:

- **Euribor a un año.** Media de los tipos de interés de las operaciones realizadas entre los principales bancos que operan en la Unión Monetaria Europea (UME). Se define como la media simple de los tipos de interés diarios aplicados, entre entidades financieras con gran nivel de negocio, para las operaciones cruzadas en el plazo de un año en el mercado de depósitos interbancarios de la zona de la Unión Monetaria.

- **Mibor a un año.** Media de los tipos de interés de las operaciones a plazo de un año efectuadas durante ese mes en el mercado interbancario de Madrid.

- **IRPH de bancos.** Media ponderada de los tipos de interés de los préstamos hipotecarios para vivienda libre que hayan sido contratados o renovados ese mes por el conjunto de los bancos privados.

- **IRPH de cajas.** Media ponderada de los tipos de interés de los préstamos hipotecarios para vivienda libre que hayan sido contratados o renovados en ese mes por el conjunto de las cajas de ahorros.

- **Índice activo CECA.** Tipo medio de las operaciones activas de las cajas de ahorros. En su composición se tienen en cuenta los préstamos personales, por lo que es superior a los otros tipos de referencia y no se utiliza en operaciones hipotecarias.
- **Rentabilidad interna de la deuda pública.** Media semestral del rendimiento en el mercado secundario de deuda pública.

A la hora de aceptar un tipo de referencia u otro, si la entidad, como es habitual, te da a escoger, has de tener en cuenta la situación y el comportamiento durante los últimos meses, incluso años, de los diferentes tipos:

- El Euribor suele estar bastante por debajo de los IRPH, ya que, por definición, éstos se forman a partir del Euribor más un diferencial, a veces, como en esta época de escasez del crédito, muy grande.
- Los dos índices IRPH suelen tener una mayor estabilidad y sus variaciones son más lentas que las del Euribor. Esto tiene ventajas si el movimiento es al alza, pero desventajas en caso contrario.
- Los IRPH se suelen aplicar sin diferencial o con un diferencial muy pequeño, ya que son medidas de tipos reales que se están aplicando en el mercado.

Aplicación de los índices de referencia en las revisiones

Los índices de referencia te garantizan que, cuando se revise el interés de tu préstamo, éste quedará ajustado a los precios del mercado. A la hora de aplicar estos índices es primordial tener en cuenta dos factores:

- **Redondeo.** Lo aplica la entidad en los decimales de los índices de referencia. Si se redondea en cuartillos por arriba –lo ha de fijar el contrato– y el Euribor está al 3,60 %, éste se redondea al 3,75 %. Está en tu mano exigir que el redondeo sea en décimas o sin redondeo, como ofrecen ya muchas entidades, pues no hay razones técnicas que justifiquen los redondeos y los tipos resultantes se pueden aplicar tan decimalizados como resulten.

- **Diferencial.** Es la cantidad que las entidades suman al índice de referencia que se ha tomado como base del cálculo. Si tienes contratado un préstamo al Euribor más un 0,50 % y el Euribor está al 2,045 %, el nuevo tipo de interés del crédito será ese 2,045 % más el 0,50 % establecido en el diferencial, es decir, un 2,545 %.

Beneficios fiscales

El tratamiento fiscal aplicable a un préstamo hipotecario es esencial para determinar el coste que supone la adquisición de tu vivienda habitual por sus repercusiones favorables en el Impuesto sobre la Renta de las Personas Físicas (IRPF), que establece importantes ventajas para la adquisición, construcción y ampliación de la vivienda habitual, siempre que se cumplan determinados requisitos.

Permiten aplicar una deducción en la cuota del impuesto por las cantidades que destines en cada ejercicio a la adquisición de tu vivienda habitual. Esta deducción es, con carácter general, del 15 %, si bien se puede ver incrementada en aquellos supuestos en los que la vivienda se adquiera mediante financiación ajena, habitualmente con un préstamo hipotecario.

El importe sobre el que aplicarás la deducción incluye todas las cantidades que satisfagas en la adquisición de tu vivienda: gastos de notaría, registro y escrituras, pago de impuestos indirectos que graven la operación (Impuesto sobre el Valor Añadido, Impuesto sobre Transmisiones Patrimoniales, Impuesto sobre Actos Jurídicos Documentados), etcétera.

Gastos de formalización del préstamo

Esta operación es muy seria y, por tanto, todo debe estar debidamente justificado y formalizado, lo que conlleva unos gastos que tendrás que satisfacer. Estos gastos inherentes a la compra de la vivienda son por cuenta del comprador, pues el vendedor no se hace cargo de ninguno de ellos:

• Gastos de compraventa.
• Gastos de notaría y de gestoría.
• Registro de la Propiedad.

a) **En caso de compra de vivienda de segunda mano:**
Impuesto sobre Transmisiones Patrimoniales (derechos reales).
b) **En caso de compra de vivienda nueva:**
– *Impuesto sobre el Valor Añadido.* El IVA aplicable es del 7%. En viviendas de protección oficial (VPO) construidas por el propio promotor el IVA es del 4%.
– *Impuesto sobre Actos Jurídicos Documentados.* En los casos en que estén sometidos al IVA, es del 0,5% con carácter general, y del 0,1% en las comunidades autónomas con régimen foral.

Todos los impuestos se liquidan sobre el precio de compraventa que se fija en la escritura. Después de la compra debe liquidarse el Impuesto sobre el Incremento del Valor de los Terrenos (la plusvalía), en general a cargo del vendedor. Finalmente, con periodicidad anual, se paga el Impuesto sobre Bienes Inmuebles.

117

Gastos de hipoteca

a) Gastos bancarios. Al inicio del préstamo existe una única comisión que engloba todos los gastos inherentes a su concesión y que se denomina comisión de apertura. Se trata de un porcentaje sobre el importe del préstamo y que debe pagarse de una sola vez en el momento en que se produce el abono del mismo en la cuenta. La comisión de cancelación anticipada es un porcentaje sobre el capital que se amortiza anticipadamente. Sólo se pagará en el momento en que se realice dicha amortización anticipada, total o parcial. (En los préstamos a interés variable legalmente no podrá ser superior al 1 %.)

b) Gastos ajenos al banco:

- **Tasación.** La tasación la realiza una empresa independiente, ligada a la entidad financiera, y sirve para determinar el valor actual de una vivienda en el mercado inmobiliario.

  El coste de tasación te puede suponer, según la compañía y el valor de la vivienda, entre 300 y 800 €, aunque puede variar de una entidad a otra. Este gasto se devengará aunque el préstamo no llegue a formalizarse.

- **Formalización.** Al igual que el contrato de compraventa, deberás formalizar el préstamo hipotecario en escritura pública ante notario e inscribirlo en el Registro de la Propiedad. Ambas escrituras suelen realizarse en un solo acto. La escritura e inscripción de la hipoteca, como en el caso de la compraventa, también tiene unos gastos.

- **Impuesto sobre Actos Jurídicos Documentados.** Se calcula no sobre el importe del préstamo, sino sobre el importe que constituya la responsabilidad hipotecaria frente a terceros.

Las escrituras y demás formalidades

Una vez aceptada la oferta vinculante, llega el momento de formalizar las escrituras. Para dar este paso es necesario aportar documentación complementaria: el título de propiedad del vendedor, el último recibo del Impuesto sobre Bienes Inmuebles y las condiciones de la compraventa (lo habitual es que sean las mismas del contrato privado, si lo hubieseis hecho).

Normalmente, en un solo acto y ante la presencia de un notario, podrás formalizar tanto la escritura de compraventa de la vivienda como la del préstamo hipotecario. Comprueba que esta última recoge todos y cada uno de los aspectos a los que diste el visto bueno en la oferta vinculante.

Es muy conveniente que el notario vuelva a comprobar en el Registro de la Propiedad que el inmueble no ha sufrido ningún cambio entre el momento en que hizo la primera verificación y la firma de la escritura.

Aunque la entidad financiera suele designar al notario por comodidad, tú puedes exigir uno de tu confianza, ya que pagas sus gastos.

La mayoría de las entidades entregan el importe del préstamo de forma simultánea a la firma de las escrituras, para que puedas pagar en el mismo acto al vendedor. De hecho, se hacen diferentes asientos y abonos en cuenta o entrega de cheques, de manera que todos (gestor, notario, vendedor, etcétera) reciben su parte al mismo tiempo.

Según la legislación española, la garantía hipotecaria queda constituida cuando la escritura notarial se inscribe en el Registro de la Propiedad. Después de la firma, las escrituras de hipoteca y compraventa deberán liquidar sus correspondientes impuestos y ser inscritas en el Registro.

Cancelación y subrogación de la hipoteca

Una vez abones el último recibo de tu préstamo hipotecario —en treinta años, piensas—, podrás proceder a la cancelación de la anotación registral de la hipoteca para que la vivienda aparezca como libre de cargas ante cualquier consulta de un posible comprador.

Los pasos que hay que seguir son los siguientes:

1. Solicita en tu entidad financiera el certificado de cancelación de la hipoteca, que suele ser gratuito.
2. Presenta este certificado al notario para que constituya escritura pública de cancelación de hipoteca. Deberás abonar su minuta.
3. Lleva la escritura de cancelación de hipoteca al Registro de la Propiedad para que la vivienda quede libre de cargas. Deberás abonar los correspondientes impuestos y los honorarios del Registro.

Éstos son los pasos que deberías dar, pero como no piensas vender la vivienda a corto plazo, puedes esperar y, en su momento, ya se realizarán todos estos pasos. Cuando tengas un posible comprador, su entidad financiera realizará la comprobación registral, y no se asustará si ve que todavía figura esta hipoteca que tú le has comentado. Después ya se preocuparán ellos de que les facilites los posibles gastos para realizar ellos el levantamiento de hipoteca o cancelación registral antes de inscribir un nuevo préstamo hipotecario.

La subrogación de un préstamo hipotecario

Se suele dar en dos casos:

a) El comprador de la vivienda asume las obligaciones de otra persona por razón de un préstamo anteriormente concedido sobre la vivienda, como sucede en los casos de compra de una vivienda nueva directamente al promotor que ha financiado su construcción.

b) También se entiende como subrogación el caso en que el prestatario cambia su préstamo a otra entidad financiera que le mejora sus condiciones de tipo de interés y las comisiones.

El proceso sería el siguiente:

1. La entidad dispuesta a subrogarse entrega una oferta vinculante en la que constan las condiciones de la nueva hipoteca y el acreedor debe presentar una certificación de la deuda pendiente en un plazo máximo de 7 días.

2. La entidad financiera inicial tendrá un plazo de 15 días para igualar la oferta y formalizar con el deudor una novación modificativa. Transcurrido este plazo, la entidad financiera dispuesta a subrogarse podrá comenzar a tramitar la operación.

En el caso de subrogación por compra de vivienda de nueva construcción no suele haber comisiones, mientras que por cambio de entidad sí las suele haber por parte de la primera entidad.

Hipotecas por internet

Si necesitas una hipoteca en buenas condiciones y conoces un poco su funcionamiento o alguien te puede asesorar, no hace falta que pases por una sucursal bancaria para solicitarla y conseguirla. La puedes tramitar y conseguir por internet en mejores condiciones de tipo de interés y con menos comisiones.

Como no quiero detallar productos de ninguna entidad en concreto, pondré aquí un detalle comparado de las condiciones que se pueden encontrar en internet en las entidades punteras, como iBanesto.com, ActivoBank.com, ingdirect. es y la onHipotecaPlus de Caixa Galicia.es. Te ofrecen hipotecas de hasta el 80 % del valor de tasación, sin comisiones de apertura o de estudio, de cancelación o de amortización parcial y un tipo de interés: Euribor + un diferencial entre el 0,38 y el 0,75 % y un plazo de hasta 40 años. Mientras que en las sucursales las entidades están aplicando diferenciales de hasta el 1,5 % según se aporte la nómina, domiciliaciones o se suscriban otros productos.

El proceso de tramitación y gestión por internet es muy sencillo y consiste tan sólo en inscribirse y aportar los datos personales, los relativos a la vivienda que se desea comprar y los referentes al préstamo hipotecario a firmar.

Después su proceso pasa, como en todas las entidades, por tres pasos: estudio y concesión del préstamo, tasación que hará su sociedad de tasación y la firma de las escrituras. Anímate, míralo, compara y dispara. Es muy fácil.

Conclusiones

- Esta adquisición os ha de durar muchos años. Por ello debéis cuidar todos los detalles y realizar todas las averiguaciones que sean necesarias antes de elegir la vivienda de vuestros sueños y la hipoteca de vuestros pesares.
- Prestadle la atención y el tiempo necesarios. Ambas son operaciones muy importantes que hacéis por primera vez y sin mucha experiencia. No os creáis nada ni deis nada que no esté escrito por supuesto.
- Dedicadle tiempo y no tengáis prisa. Os habéis pasado un tiempo ahorrando para conseguir ese 30 % necesario y ahora hay que dedicar a esta operación los meses que

sean necesarios. Y si hace falta esperar unos meses para conseguir una nueva promoción de viviendas, una nueva construcción, una nueva subvención o que el mercado se estabilice, se espera.

- Buscad asesoramiento. Si no tenéis la experiencia suficiente, os aconsejo que busquéis a una persona amiga o profesional que os asesore. El director de la sucursal bancaria donde tenéis los ahorros puede ser una buena ayuda que os guiará en todos los pasos y os aconsejará en todos los aspectos contractuales, fiscales, formales y registrales. Sólo tendréis que corroborar sus consejos bancarios en otras fuentes, como, por ejemplo, en la competencia.

- También el notario os explicará y aconsejará sobre todo lo que vais a firmar; pero esta asesoría suele llegar demasiado tarde, cuando no estáis para mirar mucho las cosas. Queréis firmar, que todo el mundo cobre y os den las llaves de vuestra nueva vivienda, y después de haber recorrido tan largo camino y haber esperado tanto tiempo, no estáis ya por los pequeños detalles, aunque a veces después resultan ser importantes.

- Tenéis que mirar todo a fondo y preguntar sobre todo lo que tengáis que firmar o aceptar. No se puede dar nada por supuesto o por sabido. Sólo podrás exigir y reclamar en el futuro lo que esté escrito y firmado en la oferta vinculante o en las escrituras.

- Contrastad ofertas tanto con las entidades bancarias de la competencia como de otras inmobiliarias. Ellos pueden ser tus mejores fuentes de información y comparación. En muchas ocasiones porque te darán información que después te puede servir y, en otras, para reforzar tus argumentos o pedir un trato mejor.

- Ha de ser una decisión meditada y asumida por los dos. Debe ser una decisión muy meditada y siendo ambos muy conscientes de que habéis comprado y los compromisos que habéis adquirido para ello. La hipoteca va a convivir con vosotros los siguientes 20 o 30 años de vuestra vida.

Capítulo 5

APROVECHA TUS SEGUROS ANTE LA CRISIS

Nuestro presupuesto ha de ser el reflejo de nuestra realidad financiera y ha de construirse sobre la base de las certezas presentes: lo que ganamos, lo que gastamos, lo que invertimos, lo que nos queda, lo que debemos, etcétera. Pero si queremos proyectar el futuro, nos encontramos con que esta crisis lo ha llenado de incertidumbres y riesgos.

Anteriormente, el ejercicio consistía en proyectar la evolución patrimonial hacia arriba por la revalorización constante de los activos y el retroceso de las deudas, pero la crisis ha introducido nuevas variables fuertemente regresivas que han mermado nuestro patrimonio actual y han llenado de dudas el futuro.

Por eso debemos respondernos y concretar:

¿Cuánto se ha desvalorizado nuestra vivienda? ¿Mantendremos el trabajo? ¿Ganaremos menos o podremos mantener nuestros ingresos? ¿Podremos cambiar el coche nuevo a los 5 años como hacíamos antes o tendremos que alargar su vida útil más años?

Y, a todas estas incógnitas que afectan a nuestra realidad ante la crisis, tendremos que añadir otras que nos puede deparar el azar, como:

¿Tendremos gastos extras por enfermedad o por alguna operación? ¿Y si nos roban en la vivienda? ¿Podemos perder el trabajo y por ello verse afectados los pagos de nuestra hipoteca o los colegios privados de los niños? ¿Y si tenemos un escape de agua y causamos desperfectos en el piso de abajo? ¿Nos pueden robar las tarjetas o el móvil y causarnos un fraude con ello?

Todas estas cuestiones se presentan como incertidumbres y existe el riesgo de que suceda alguna o varias de estas hipótesis malévolas, por ello muchas de ellas son asegurables. Podríamos convertir su incertidumbre en una realidad neutra –no nos afectaría financieramente–, o incluso financieramente favorable.

Nuestro presupuesto es proyectable en el tiempo siempre que se mantengan o mejoren las condiciones económicas en que se sustenta, tanto con alzas continuadas o con parones importantes como estamos sufriendo en estos tiempos. Pero es necesario cubrir las contingencias futuras que se pudieran producir por imprevistos y hacer peligrar este edificio de equilibrio inestable que hemos construido.

Aquí es donde aparecen los seguros, que cobran sentido cuando existe un riesgo que se puede cubrir.

Para ello, vamos a conocer, en su esencia, sin entrar al máximo detalle, las particularidades y las características de los seguros más habituales y comunes y después veremos la oportunidad de contratar y disponer de cada uno de ellos, en función de los bienes que se poseen en cada momento y su estado, conjugado con el nivel de riesgo a que están sometidos.

Por ello voy a describir, en primer lugar, los principales términos técnicos utilizados, los tipos de seguros más comunes y cómo creo que ha ser tu relación con ellos a lo largo de la vida.

Figuras que intervienen en un seguro

Los seguros presentan algunas particularidades respecto a otro tipo de contratos y, por ello, vale la pena concretar, en primer lugar, las figuras que intervienen en un contrato de seguro:

El asegurador

Es la persona jurídica que asume la cobertura del riesgo y está obligada a satisfacer al beneficiario determinada prestación de servicios o económica, en caso de que el riesgo suceda, a cambio del cobro de una prima al tomador.

El asegurador ha de tener una de las formas jurídicas que describimos en el siguiente epígrafe, y poseer capacidad organizativa y solvencia financiera suficiente, de acuerdo con lo establecido en la ley que lo regula.

El tomador

Esta figura es una particularidad respecto a otro tipo de contratos. Es la persona, física o jurídica, que solicita y contrata el seguro, por cuenta propia o ajena, obligándose al pago de la prima al asegurador. Un caso claro es el que hace un seguro de vida a la mujer. O la empresa que contrata para un empleado un seguro de salud o de accidentes.

El asegurado

Es la persona expuesta al riesgo que se desea cubrir, o que tiene un interés económico sobre el bien objeto de seguro. Está facultado para cumplir con las obligaciones del tomador, en el caso de que éste se inhibiera de hacerlo. En el ejemplo anterior sería la mujer.

El beneficiario

Es la persona, física o jurídica, que tiene derecho a recibir la prestación convenida en el contrato. Su designación corre a cargo del tomador del seguro, quien podrá modificarla durante la vigencia del contrato sin el consentimiento del asegurador, a no ser que hubiera renunciado a ello de manera expresa y por escrito. La identidad del beneficiario podrá figurar en la póliza, en una declaración posterior, o en el testamento, siendo válida su designación en este último caso, aunque no sea conocida ni por el asegurador ni por el beneficiario. El tomador del seguro, el asegurado y el beneficiario pueden ser, dependiendo del seguro de que se trate, personas coincidentes o distintas.

En el caso que comentamos del seguro de vida de la esposa, el beneficiario podría ser el marido –al mismo tiempo tomador de la póliza– o los hijos, que no se corresponden con ninguna de las figuras anteriores, u otras personas definidas en la póliza, o, por ejemplo, otros herederos, sobrevenidos por causa de un testamento.

Los seguros más comunes

De entre todas estas tipologías vamos a centrarnos en los productos más comunes y en las coberturas y ventajas que suelen ofrecer las principales aseguradoras.

Seguro del automóvil

Es uno de los seguros denominados de multirriesgo, ya que aglutina en una sola póliza la cobertura específica de los daños producidos al automóvil asegurado con la responsabilidad civil (RC) frente a terceros por los eventuales perjuicios a objetos o personas que pudiera originar el automóvil.

El seguro del automóvil se compone, a su vez, de dos tipos de seguros perfectamente diferenciados:

- **Seguro obligatorio.** Cubre los daños personales o materiales producidos con el automóvil «a terceros» –nombre por el que se suele conocer habitualmente–, ya sean objetos o personas. Es obligatorio para circular con cualquier tipo de vehículo.
- **Seguro voluntario.** Pueden cubrirse distintos riesgos, tales como los daños sufridos por el automóvil o por sus ocupantes, la defensa penal del asegurado, etcétera.

Seguro del hogar

Éste es otro de los seguros multirriesgo y actúa sobre la vivienda. Ofrece cobertura simultánea frente a diversos riesgos en una misma póliza. Los bienes asegurables son:

a) **El continente.** Corresponde al valor de la estructura de la vivienda, excluido el valor del terreno, en concreto las paredes, los suelos, el gas, la electricidad, el teléfono, la calefacción, las cubiertas, las instalaciones de agua, las antenas de radio y televisión, los ascensores, y todos los demás elementos incorporados de forma fija a la vivienda, como pueden ser el parqué, la moqueta, los armarios empotrados de obra y los elementos de decoración.

En las viviendas en régimen de propiedad horizontal es importante que tengas en cuenta que estos bienes ya están asegurados en la póliza de seguros de la comunidad del edificio.

b) **El contenido.** Este valor engloba todo aquello que se encuentra dentro de la vivienda:

– *El mobiliario,* entendiendo como tal el conjunto de los muebles de la cocina y de la vivienda, electrodomésticos, equipos de visión y sonido, víveres y provisiones, ordenadores personales, documentos, ajuar doméstico y personal, etcétera.

– *Los objetos de valor,* como cuadros, pieles, obras de arte, objetos de oro, plata o platino, joyas y alhajas, siempre y cuando su valor unitario supere un importe determinado.

Seguro de vida

En este caso le llaman seguro de vida, pero lo que se asegura es una indemnización en caso de muerte y puede ser:

- **Seguro de vida entera.** Permite garantizar un capital para el familiar que se determine en caso de fallecimiento. En algunos casos se puede incrementar este capital con otro adicional estimado procedente de los beneficios que obtenga nuestra compañía.

- **Fallecimiento accidental.** Se pueden ampliar las garantías con la contratación opcional de un capital complementario por fallecimiento accidental. La familia recibe un capital igual al que le corresponde por fallecimiento en el seguro principal.

- **Invalidez absoluta y permanente.** También se puede contratar opcionalmente un capital complementario por invalidez absoluta y permanente. Se recibe el capital que se tenga garantizado en el seguro principal.

La fiscalidad de los seguros de vida siempre ha sido un aspecto singular muy importante de este tipo de seguros. Aunque hace tiempo que ha desaparecido la desgravación en las cuotas o aportaciones a los seguros de vida, hay que considerar la fiscalidad de cada uno de ellos en el momento de cobrar los capitales asegurados tanto si la percepción es en forma de capital o si es en forma de renta y que supone una casuística muy particular según las condiciones de los beneficiarios.

Seguro de salud

Hay muchas clases de seguros de salud, aunque básicamente se comercializan tres:

1. **De reintegro de gastos.** El asegurado escoge el médico o la clínica donde quiere ser tratado y después pasa los gastos a la compañía. Es muy caro porque la compañía ha de cubrirse ante la utilización de médicos y clínicas de elevado precio.

2. **De asistencia.** El asegurado puede escoger su asistencia entre una pirámide de médicos, especialistas y clínicas de su población. La forma de acreditar el aseguramiento y poder acceder a la asistencia tanto de médicos y especialistas como de hospitales y clínicas es mediante tarjetas identificativas, acompañadas del DNI o pasaporte –poco utilizado–, o, más comúnmente, mediante cheques que se entregan en cada visita o servicio.

La contratación de los seguros

Ya hemos visto qué son los seguros y las coberturas que se pueden tener con cada uno de ellos. Otro aspecto importante que conviene valorar es con quién contratarlos, pues existen varios tipos de intermediarios:

- **Oficinas de la compañía.** La mayoría de las compañías tienen oficinas propias en las cuales es posible efectuar cualquier gestión y operación comercial o administrativa.
- **Agentes de seguros.** Los agentes de seguros son intermediarios que trabajan para una o varias compañías, según sean «exclusivos» o simplemente «vinculados» y por ello sólo te pueden ofrecer los seguros de esa compañía o de varias compañías según lo crean conveniente para presentarte una mejor oferta comercial.
- **Corredores de seguros.** Son intermediarios de seguros que comercializan los seguros de varias compañías a la vez, de forma que están en condiciones de ofrecer el seguro que más se ajusta a las necesidades del cliente, tanto en coberturas como en primas.

Existe toda una casuística y una serie de condicionamientos para ser uno u otro tipo de intermediario de seguros, y también ventajas e inconvenientes, pero de cara a ti, asegurado, lo importante es saber lo que te pueden ofrecer un profesional y otro. En ambos casos perciben una comisión de la compañía por la labor de intermediación.

- **Seguros por teléfono.** Son los que se contratan por teléfono, y también se gestionan, a través de este medio, los partes, incidencias y siniestros que pueda haber. En particular funcionan por este canal los seguros más comunes y sencillos, como pueden ser el del automóvil y el del hogar.

Ésta puede ser la mayor ventaja para unos y el mayor inconveniente para otros, pero al final casi todos los trámites y consultas se acaban haciendo por teléfono, sobre todo en las grandes y medianas ciudades. Quizá en los ámbitos más reducidos y rurales es importante la figura del agente como amigo o consejero que asesora y lleva los papeles en mano para firmar o te recoge un parte de siniestro.

- **Seguros por internet.** Al igual que el teléfono, se abre como la nueva vía para los habituados a este medio y están más acostumbrados a esta herramienta. Lo que no exista en internet no sobrevivirá en el mercado, decíamos hace unos años. Aunque después hemos visto que hay mercado para todos, por lo menos para todos los que sepan hacer y defender bien su papel. Y su profesionalidad.

Los siniestros

Los siniestros conllevan una indemnización o prestación que la compañía debe facilitar al beneficiario, no necesariamente tomador o asegurado, en el caso en que se produzca la eventualidad asegurada, como puede ser la muerte en un seguro de vida, un accidente en el coche o la rotura de tuberías en el baño de una vivienda.

La atención de la siniestralidad es parte esencial de las compañías de seguros y, para ello, tienen unos departamentos de siniestros fabulosos que están deseando tener siniestros que resolver y pagar. Si no hubiera siniestros no habría seguros.

Están deseando que les pases siniestros de tu hogar, que tratarán de resolver —como en el caso de los coches— a toda prisa. Fíjate que tienen (y miman) como uno de los ratios más importantes de eficiencia en la gestión la velocidad de cierre de siniestros. Otro tema es que todo esto lo tengan subcontratado con un servicio de asistencia en el hogar, o te sugieran que busques tú un profesional para simplificar la gestión.

Mírate tranquilamente las pólizas y piensa en las coberturas que puedes utilizar y no utilizas. El seguro del hogar suele ser uno de los grandes desconocidos y grandes desaprovechados y las compañías de seguros estarán encantadas de recibir tus siniestros, pues formas parte de los presupuestos que tienen previstos y engrosarás esa estadística que ya tienen asumida.

Aprovecha tus seguros ante la crisis

Ya hemos descrito de manera sencilla y comprensible los tipos de seguros que se pueden contratar y las coberturas de los más habituales.

Para sacar mayor provecho a los seguros, lo primero que tienes que hacer es mirar otros seguros que también te cubren y no pagas tú, o pagas a medias con otros, como el de la comunidad de propietarios. También tienes el seguro de accidentes que te da gratis la empresa, el seguro escolar de tus hijos, y quizá el seguro de asistencia de la seguridad social. Hay cosas que puedes utilizar y no necesitas cubrir con vuestra póliza familiar de salud.

Otro aspecto que debe considerarse es sacar el máximo provecho a las coberturas de tus seguros, como la revisión dental gratuita en tu póliza dental. Aunque creas que después te recomendarán otras intervenciones que has de costear tú, hazte cada año la revisión y limpieza bucal que tienes garantizada y después haces solamente lo que creas importante o imprescindible abordar.

En el seguro del hogar, lo mismo. Hay muchas averías o eventualidades que, si son bienes o servicios comunes, están cubiertas por la póliza de la comunidad y con ella debes cubrirte ante sus desperfectos o averías. En el seguro del automóvil sueles llevar incorporado el servicio de asistencia que te permite remolcar el vehículo averiado, su reparación y el traslado de personas y la carga al lugar más cercano, sea tu origen o destino.

En un seguro de vida has de tener muy claro las contingencias que quieres asegurar y lo que quieres cubrir en caso de fallecimiento. Por ejemplo, en un seguro a segunda vida –si fallan los dos– es muy barato, pero no cubre las expectativas que seguramente tenéis. Cubrirán a los hijos, pero también queréis estar cubiertos vosotros dos, por si fallas tú o falla ella. Por eso, con un seguro a nombre de los dos, a primera vida, cualquiera que falle le deja al otro el capital asegurado o le cubre el pago de las deudas si estaba asociando a un préstamo.

Ahora vamos a hacer un recorrido secuencial a lo largo de las etapas vitales para ver los seguros que sería más oportuno tener en cada una de ellas, sobre todo en las actuales circunstancias de crisis en que hay que reducir, aunque sea lo mínimo el coste de los seguros y sacarles el máximo provecho. Pero han de ser una partida más de tu presupuesto y, como tal, deben interactuar con las demás, ocupando su puesto en orden de importancia para ver los que es imprescindible tener, los que se han de eliminar y los que pueden esperar para más adelante.

Las compañías de seguros te dirán que incluso en estas circunstancias deberíamos tenerlos todos, pues hemos de estar cubiertos ante todo tipo de contingencias. Pero hay que ser realistas, y para ello vamos a considerar los seguros que hay que tener y las coberturas que conviene tener aseguradas para los diferentes seguros según la fase de vida en que estemos o el valor y envejecimiento del bien que queremos asegurar.

Podemos sintetizar, a modo de ejemplo, que no es necesario asegurar a todo riesgo un coche de siete años de antigüedad, y, por el contrario, es muy temerario asegurar sólo a terceros –seguro obligatorio– un coche nuevo recién salido del concesionario.

Jóvenes

Has abandonado la casa de tus padres, pero ellos te siguen teniendo en la póliza de salud. Aprovecha y continúa con esta ventaja. Pero los seguros que tú deberías tener son para la moto o el coche y un seguro básico del hogar, por si se te quema o inundas el piso de abajo en un descuido o por una fuga de la lavadora.

Y poco más; en esta edad no sueles tener mucho patrimonio y es muy pronto para empezar todavía un plan de previsión para la jubilación. Pero sí puedes considerar planes de ahorro para los estudios, como un master o un MBA en el extranjero.

Matrimonios jóvenes

Sin mirar mucho más, enseguida entenderéis que el seguro de salud es muy conveniente por posibles embarazos, tratamientos de fertilidad, maternidad, parto, niños... Y hay que seguir con los anteriores: coche, moto y hogar.

En esta edad también pueden ser muy interesantes los seguros de cobertura de primas en caso de desempleo para préstamos personales e hipotecas. No suelen ser muy caros y, aunque sólo te cubran 12 mensualidades, te pueden ser de gran ayuda si te encuentras ante esa eventualidad laboral. Las entidades financieras los suelen ofrecer anexos a sus hipotecas y, si no, hay muchas compañías que te lo harán encantadas.

Matrimonio de mediana edad

Quizá el de salud ya no es tan necesario, aunque siempre puede ser útil, según tus posibilidades. A pesar de que tus hijos tienen una salud de hierro y vosotros no estáis mal, las pólizas dentales y demás pueden ser interesantes. Ha llegado el momento de considerar los de vida y previsión. Ya tenéis constituido un patrimonio que empieza a ser considerable –por ello lo tenéis asegurado–, pero también se sustenta sobre importantes deudas. ¿Y si falta el principal proveedor de ingresos? O cualquiera de los dos, pues ambos aportáis recursos a la economía familiar.

En esta edad –la edad intermedia de la vida– se está a caballo entre dos mundos, con muchos frentes que atender y, por ello, no vas a poder cubrirlo todo y tendrás que priorizar la atención que das a los gastos corrientes, a las inversiones y a la seguridad, según cuáles sean tus circunstancias y la seguridad de tu empleo y tus ingresos.

Matrimonios adultos

Los hijos ya se han independizado y abandonado el hogar, por ello os podéis permitir un buen seguro de salud, un seguro del hogar para la primera y la segunda residencia, un seguro de vida, y productos de ahorro/inversión y plan de jubilación o de pensiones. Hay que estabilizar lo logrado y prever el inmediato futuro con la garantía que confieren tus propiedades inmobiliarias –aparte de la vivienda habitual–, otras inversiones y los productos de previsión.

Y todo ello, en todas las etapas, considerando también las ventajas fiscales de las inversiones y los seguros. De la misma forma que la pieza fundamental de las desgravaciones en la primera fase de la vida familiar es la vivienda, en esta segunda suelen ser los planes de jubilación. Y la ayuda que el gobierno y el sistema fiscal te den es muy interesante de aprovechar.

Jubilados

Ya no queréis aventuras de ningún tipo y sólo buscáis seguridad. Queréis mantener todas las garantías para vosotros dos y para el que sobreviva a la muerte del primero, por lo que seguís con el seguro de vida combinado de los dos y el seguro de salud o el coche que os han acompañado a lo largo de toda vuestra vida.

Pero esto es para los que, como tú, tienen su patrimonio a salvo y una buena renta que les permite seguir con el buen ritmo de vida, salud y disfrute que se merecen. Pero hay otros que tienen un piso o una casa en propiedad que se les ha quedado muy grande y una hipoteca inversa, como hemos explicado en los productos bancarios, aunque este producto es una sabia combinación de producto financiero y de seguros.

Otra cuestión, una vez ya sabes los seguros que te conviene tener en cada época de tu vida y sacar provecho a las pólizas, es cómo pagar menos por ellos.

¿Tienes todas las pólizas con la misma compañía? ¿Tienes derecho a algún descuento por ello? ¿Puedes tener juntos el seguro del coche y el del hogar como seguros multirriesgos que son ambos? ¿Te han aplicado cada año la tarifa de *bonus* por no tener siniestros con el coche?

Mira la partida que dedicas a seguros para optimizarla y rebajarla, e intenta buscar alternativas en la competencia. Al igual que con los bancos, tu buen historial, tu abultado consumo y la competencia serán tus mejores aliados. Busca precios mejores para unas coberturas semejantes.

Y si encuentras mejores ofertas y precios en compañías que operan sólo por teléfono, pues los contratas con ellos. Al final, la mayor parte del servicio lo dan por teléfono o internet y después has de acudir a su red de talleres o profesionales concertados para que te hagan las reparaciones y desperfectos, propios para estos menesteres.

Capítulo 6

CÓMO GESTIONAR
TUS INVERSIONES

Esto ya son palabras mayores. No se trata de ahorrar o tener un plan de pensiones que invierte en renta variable, aunque también se haya desvalorizado bastante los últimos años, a pesar de que lo gestionan expertos y lo has modificado, de manera que de invertir en renta variable un 75 % has pasado a invertir sólo un 25 %.

El vendaval de la crisis ha llegado a los mercados financieros de la renta variable de manera alarmante y ha desvalorizado tanto los planes de pensiones como la mayoría de las carteras que invertían en acciones.

Este mundo de la gran pirámide es muy complejo. Por ello, vamos a tratar de explicarlo de manera sencilla para entender que esto es una pirámide legal, no como la de Madoff, que era fraudulenta y, por ello, lo han condenado.

Madoff tenía que invertir los fondos que le confiaban en cualquier tipo de inversiones sin ningún tipo de limitaciones

–por eso eran Hedge Funds–, y con las rentabilidades que obtenía pagar a sus depositantes. Mientras todo iba bien, invirtiendo en todo tipo de negocios y países, sacaba una rentabilidad altísima y les iba dando a sus depositantes un 10%. Que estaba muy bien cuando en el mercado era muy difícil obtener rentabilidades superiores al 5% sin exponer el capital.

Cuando empiezan a torcérsele sus negocios, en lugar de decir a sus depositantes que la rentabilidad era cero e incluso tenía ya menos capital invertido del que ellos le habían depositado, y como tenía que seguir alimentando la confianza y las nuevas aportaciones de sus redes de contactos, empieza a pagar las rentabilidades con nuevas aportaciones y se introduce en una pirámide que al final se desmorona. Catastrófico. Y «los ricos también lloran»

Pues ésa era una pirámide ilegal, mientras que la Bolsa y los mercados financieros de acciones, derivados, futuros y demás son pirámides legales. Cada oleada de inversores que entra crea una nueva base al comprar acciones porque espera que mejore su cotización futura. Y aguantando esa base ha de esperar a que venga otra base de la pirámide que pague más por las acciones que estén en negociación y entonces, en teoría, todas las acciones valen más. Valor virtual mientras no se materializa en una venta.

—*Como el mercado de la vivienda*

Exactamente igual. El mercado de la vivienda también es piramidal y decíamos que nuestra casa valía más porque se había vendido al lado una igual por tantos miles de euros. Pero era un valor virtual. Si todos o bastantes quieren vender su casa a esos precios virtuales, no hay compradores para todos y entonces el valor de las viviendas baja. Así es, así ha sido y así lo estamos sufriendo. Tenemos los mismos ladrillos, pero si los vendemos valen menos.

—*Pero si no vendo y me espero, ya subirán*

Eso es. Sigue siendo valor virtual para los que vemos la vida pasar desde nuestro balcón. Y real para los que compran poniendo su dinero o endeudándose o para los que venden, que sufren pérdidas o ganancias reales según cuál hubiese sido su precio de compra y los intereses que han pagado para financiar la compra en todos los años que han mantenido la propiedad. Pues las inversiones en Bolsa son una pirámide parecida.

Ahora estamos en una coyuntura intermedia del Ibex35 —no me voy a meter en títulos concretos—, pero se situó a principios de año alrededor de los 7.000 puntos cuando un año antes estaba por encima de los 13.000 puntos. Y los demás índices internacionales igual, el EurostoXX50, el DAX30 de Alemania, el S&P o el Dow Jones de EE. UU. o el Nikkei de Japón.

Ganancia virtual a principios de año de los que compraron hace unos años con el Ibex35 a 7.000 puntos. Cero. Ganancia virtual de los que compraron hace un año con el Ibex35 a 13.000. Negativo, muy negativo. Y además son muchos. Pues para tener la pirámide muy elevada hace falta una base muy amplia y muchos que entren a partir de los precios actuales.

Como en el mercado de la vivienda, cada uno sabe a qué precio entró, si lo tiene todo pagado o debe dinero por ello. Y si necesita vender o puede esperar a que haya precios mejores y salirse entonces. Siempre que no se haya invertido con apalancamiento —préstamos—, que te pueden echar fuera a la fuerza y sin un euro, pero con la deuda a tu espalda.

—*Conclusión. En el mercado de renta variable hay que entrar cuando está bajo y salirse cuando está alto y boyante.*

Cierto. Como ahora, que está más bajo que hace un año aunque algo recuperado y, quizás, sería buen momento para entrar si no estás dentro.

—¿Y si vuelve a bajar otra vez?

Ésa es la cuestión. Que puede bajar otra vez aunque suba unas semanas, y te pille también. Aunque si entras en los 10.000 y cae a los 7.000, estarías más cómodo que los que entraron en las épocas de mayores cotas. Y cuando llegue la recuperación, te salvas antes.

Complicado para nosotros, los neófitos, y para los expertos que tienen la misma capacidad que nosotros para pronosticar el futuro. Seguridades ciertas, ninguna. No es que todo sean especulaciones, sino que ante hechos inciertos nos hemos de mover por probabilidades. Y la probabilidad de que la Bolsa siga subiendo a partir de los 10.000 puntos es mayor de que baje. Pero puede bajar. Y la probabilidad de que baje cuando esté en los 13.000 es mayor que de que siga subiendo otros 3.000 puntos. Y, sin embargo, actuamos de manera irracional y contra toda probabilidad, entrando cuando está alta y con miedo cuando está baja. Claro, y así nos va.

Para invertir en Bolsa —no digo jugar—, hay que dedicarle tiempo y hay que seguir unas normas básicas para invertir con alguna garantía o, si no, asesorarse por expertos y al final tomar las decisiones nosotros. Pues normalmente los expertos que nos aconsejan actúan influenciados por el fondo o la entidad financiera que les paga.

Por eso, en las siguientes páginas, trataremos de definir todo esto de los intermediarios financieros, la aversión al riesgo, los plazos, la rentabilidad, la preferencia por la liquidez, el intradía, los *swap,* las opciones y futuros —esto muy poco—, para ordenar todo esto que se te entremezcla en la cabeza y poder considerarlo de una manera un poco ordenada. Y los dividendos. Esos hermanos menores de las acciones que la mayoría despreciamos porque lo que queremos es comprar a

8,20 € y vender a 12,30 € en tres meses con un simple 50 % de beneficio. Entonces, un dividendo de 0,20 € o parecido nos parece un mal consuelo en la situación actual y una insignificancia en las épocas de prosperidad bursátil.

—¿*Y los consejos?*

También daremos algunos. Sobre los mercados, las inversiones, los intermediarios, las comisiones, los dividendos, las plusvalías y minusvalías, los impuestos... todo eso. Para acabar recomendándote que te asesores por expertos y tomes tú las decisiones, si no prefieres dedicar los ahorros a rebajar la deuda de la hipoteca.

No te fíes de los tópicos

Es muy difícil condensar en un par de páginas toda la ciencia y sabiduría –no son lo mismo– que encierra el mundo de la Bolsa y las inversiones especulativas. No obstante, voy a tratar de exponer y comentar algunas verdades que casi nadie discute para ver si te convencen y dejas de jugar –lo tuyo es jugar, no invertir– en este mercado tan peligroso.

Para invertir con garantías deberías hacerlo de la mano de expertos o a través de productos específicos que, naturalmente, ellos manejan. Su experiencia les vale, cuando menos, para justificar con excusas técnicas sus desaciertos: la coyuntura internacional, el mercado del petróleo, la incertidumbre en Rusia, la inestabilidad económica de los países sudamericanos, la solidez del euro, etcétera. Todo son razones que tú y yo podemos ver y entender, pero a posteriori, como ellos.

«*Predecir es muy difícil* –me recuerdas–, *sobre todo el futuro.*» Si te dedicas a invertir según tus pronósticos es muy fácil que aciertes en uno o dos de ellos. Lo difícil es acertar en tres seguidos.

Repasemos algunos tópicos ciertos, aunque difíciles de aplicar en el momento adecuado y su justa medida y otros inciertos que hay que desestimar rápidamente:

- **Ganar dinero en Bolsa es muy fácil.** Falso. Es muy difícil, sobre todo a medio y largo plazo. Las razones son muy variadas, pero una de ellas, muy importante, es que a medio plazo los mercados sufren altibajos, son cíclicos, y el inversor aficionado no tiene herramientas fácilmente manejables para cubrirse en las épocas de bajadas. Nos solemos mover con la teoría del alza permanente y cuando vienen bajadas nos quedamos cruzados de brazos esperando a que el mercado, y con él nuestros valores, se recuperen al unísono por sí solos.

  Muy raramente somos capaces de deshacer una operación en perdidas para esperar pacientemente una situación posterior de base segura para volver a tomar la senda alcista.

- **Hay que comprar en la parte baja y vender en la parte alta.** Cierto. Pero es muy difícil saber cuándo un valor está muy bajo, pues todo es relativo. Aunque esté bajo respecto a máximos anuales o máximos absolutos, todavía puede bajar más, y una compra nos puede obligar a mantenernos en el valor hasta esperar alzas que nos salven. Lo mismo pasa con las ventas si la Bolsa está al alza. Es muy difícil saber que ya no va a subir más. A veces te sales, pero después ves que tiene todavía recorrido alcista, vuelves a entrar y entonces sí que te pilla dentro y a verlas venir.

- **Cuando oigas a tu portero hablar de Bolsa, es momento de salirse.** Tú y yo somos los porteros de la vida.

Cuando la prensa se hace eco de la pujanza de los mercados y las buenas expectativas económicas, volvemos a invertir y entonces se salen los grandes inversores y nos dejan aguantando la parte baja de la pirámide porque no queremos salirnos con pérdidas.

- **Con los grandes valores nunca se pierde.** Se puede perder con todos, si vendes por debajo de lo que compraste. Además, los grandes valores están muy castigados, porque son utilizados por los inversores de intradía para sus especulaciones. Evidentemente, son más seguros que los valores de empresas pequeñas pero están sometidos como todos a las oleadas alcistas y bajistas de los mercados internacionales junto a cierta fuerza del sector en concreto y de la empresa en particular.

- **Con apalancamiento, las ganancias pueden ser espectaculares.** Y las pérdidas, más. Aquí entra en juego la magia de las matemáticas, ya que si inviertes en un valor o una cartera, éste puede subir o bajar, con lo que tu inversión se multiplicaría por un factor 1,algo, si está al alza, o 0,algo, si está a la baja. Pero por mucho que disminuya este factor, nunca podrás llegar a cero. Sin embargo, con apalancamiento, juegas a sumas y restas y puedes no sólo llegar a cero, sino incluso tener negativos. La magia de las matemáticas. ¿No lo ves? Inviertes 6.000 € con otros 12.000 € de apalancamiento. Si el valor baja un 33,33 %, te quedas a cero menos las comisiones. Y si baja un poco más, te quedas sin ahorros y debiendo algo más.

- **A final de año la Bolsa siempre sube.** Se suele decir que los grandes inversores quieren *maquillar* sus carteras antes de que acabe el ejercicio, para evitar tener que provisionar sus cuentas de resultados. Falso. Observa el *chart* de cualquier valor durante los últimos años y verás que no ha sido siempre así. Ha subido los años en que la Bolsa estaba al alza –en el año 2004– y ha bajado en 2007.

- **A principios de año la Bolsa sube.** También es un tópico, porque los grandes inversores toman de nuevo posiciones y han de adecuar sus carteras. No siempre. Y si empieza subiendo, ojo cuando entras y cuando sales, porque, a veces, después te comes tú las bajadas posteriores y a aguantar medio año hasta ver cómo se comporta en julio. Los dos primeros meses de 2009 sufrió una caída estrepitosa hasta los 7.500 puntos.
- **En agosto la Bolsa siempre baja.** No necesariamente. Es cierto que hay menos inversores especulativos. Ellos también tienen familia y suelen veranear en la costa o en la Cerdaña. Pero los grandes inversores mantienen sus inversiones y los grandes mercados no hacen vacaciones tan largas como en España. A veces, agosto da sorpresas.
- **El último euro que lo gane otro.** Fantástico. Pero eso es lo difícil; saber cuál es el último euro. Muchas veces has dejado el que creías que era el último euro y después, al ver que aquello seguía tirando para arriba, has vuelto a entrar y te has quedado enganchado en el cable de alta tensión.
- **Mientras no vendes no tienes pérdidas.** Cierto. Pero mientras aguantas una inversión por debajo de tu cotización de entrada, sufres y estás deseando salirte en cuanto recuperes. Aunque después te sueles perder las subidas más sustanciosas.
- **A la Bolsa le cuesta lo mismo subir que bajar.** No es verdad. Para que suba hace falta mucho dinero. Y para

que baje no hace falta nada; le basta con un falso rumor o un mal indicador de confianza.

Antes, este panorama desalentador que dibujamos de las inversiones en renta variable, tanto sea a través de fondos de inversión o directamente en acciones, parece que es el peor de los mercados posibles y que más vale estar alejados y con el dinero en inversiones en las que no se exponga el capital, aunque sólo nos den unos intereses o rendimientos como el plazo o la deuda pública.

Y lo malo es que la historia demuestra que es así.

La rentabilidad de la deuda pública o el plazo fijo en los últimos diez años ha sido muy superior a la rentabilidad de las acciones de la Bolsa española –Ibex35– que ha llegado a estar en los mismos niveles de finales de 2001. Y si habías hecho tus inversiones en Bolsa en los años 2006-2007 que llegó a situarse en los 15.000 puntos, posiblemente ahora tus acciones o tu cartera valga bastante menos. Pero si hubieras entrado a principios de siglo –2001–, que llegó a marcar por debajo de, los 6.000 puntos, y te saliste en los años 2006-2007 quizás pudiste duplicar tu capital.

Dos conclusiones importantes para los inversores particulares:
1. La Bolsa es un negocio que debe considerarse a largo plazo.
2. Pero no para dormirte en él. Sino seguir los ciclos largos para entrar en la parte baja y salirte en las altas.

—*Eso es, como ahora en que todo está a precios interesantes y es difícil que vuelva a bajar otra vez.*

Ah, pero no tienes dinero o estás escarmentado de esta época reciente que te ha maltratado. Pues así estamos siempre.

Por ello, vamos a ver algunos conceptos que vale la pena conocer y tener en cuenta para manejar tus inversiones y, al final, recapitularemos y trataremos de hilvanar algunos consejos útiles.

Objetivos de una buena inversión financiera

Toda inversión financiera –hasta las malas– se mueven con los siguientes parámetros, que se han de conjugar de manera armónica y equilibrada:

- **Rentabilidad.** Ganancia o sobreprecio sobre el precio de compra que se puede producir por los intereses o dividendos o por un mejor precio de venta.
- **Seguridad.** Que el valor, el fondo o el depósito tengan cara y ojos, sean de reconocida actividad y los resultados y expectativas avalen su valor.
- **Liquidez.** Que exista mercado para el valor y se pueda vender porque habitualmente –a diario– hay mercado y transacciones con él.
- **Riesgo.** Este cuarto elemento estropea la estabilidad de la mesa de tres patas que presentábamos, y no es deseable. Pero es inherente a toda inversión. Lo óptimo es minimizarlo.

Como podéis entender, los cuatro elementos no coexisten en perfecta armonía y se contraponen unos a otros y, por ello, hay que tratar de conseguir la combinación más favorable de los cuatro.

Existen cuatro tipos de riesgo que hay que tener en cuenta ante una inversión:

- **De mercado.** Propio del mercado en que se opera: Bolsa, fondos, futuros y opciones. Y son muy diferentes sus riesgos.
- **Específico.** Inherente al propio valor o al fondo. El mercado puede ir bien, pero esa familia de valores, o ese valor en concreto, puede ir mal, porque las expectativas sectoriales o para el valor son negativas.
- **De tipo de interés.** Por la evolución de los tipos de interés en el tiempo, ya que las inversiones se han de valorar en función de su rentabilidad y en comparación con otras opciones más estables.
- **De tipo de cambio.** Por la moneda en que se invierte y se desinvierte. Si inviertes en libras en Gran Bretaña tienes dos riesgos: la evolución del fondo o valor y el tipo de cambio de las libras a euros cuando deshagas la inversión. Y si inviertes en una moneda como el rublo o cualquier otra semejante, estos riesgos son más elevados.

Los ciclos y las inversiones en Bolsa

Todo en este mundo es cíclico. El día y la noche. Las estaciones del año. Todo tiene sus momentos buenos y malos. Todo dispendio de energía necesita un período de recuperación y de acopio de nueva energía.

Pues en la economía y en las bases que condicionan la inversión sucede lo mismo. Hay ciclos según los plazos, según la coyuntura económica, política o empresarial. Vamos a explicar todos ellos y las consecuencias que pueden tener sobre las inversiones. Recordemos que sólo nos interesan los períodos de posibles subidas, ya que no tenemos instrumentos para invertir en las bajadas. Sólo podemos esperar a ver o refugiarnos en renta fija, en cuentas bancarias o en títulos del estado.

- **Ciclo internacional.** Marcado por los acontecimientos internacionales que influyen en la evolución de las Bolsas, como pueden ser la crisis de EE. UU., la caída del precio del petróleo, la inestabilidad en Oriente Medio o la emergencia de la economía china.
- **Ciclo político.** La estabilidad política, la proximidad de elecciones, las expectativas de cambios de gobierno. Todo puede influir en la Bolsa.
- **Ciclo económico.** La expansión, recesión o depresión; la coyuntura de los tipos de interés en EE. UU. y en la Unión Europea; el crecimiento económico; las expectativas de las economías-locomotora, a nivel mundial, China, y para los europeos, Alemania, Francia y Gran Bretaña.
- **Ciclo empresarial.** La evolución de un sector o de alguna empresa en concreto; la primacía de las empresas de telecomunicaciones, de servicios y de nuevas tecnologías; la industria farmacéutica y de investigación o las empresas de energías renovables que han sorteado bastante bien la crisis bursátil.
- **Ciclo bursátil.** Después de una época de ganancias, vienen los beneficios y las consecuentes ventas y bajadas. A veces leemos que un valor está sobrecomprado o sobrevendido a determinado plazo porque las transacciones se han hecho por presión del dinero o del papel, ya que, como podéis suponer, se compra lo mismo que se vende.

Fiscalidad de las inversiones en Bolsa

Cuando iniciamos inversiones de alguna manera especulativas, nos preocupamos de la fiscalidad sobre las ganancias por plusvalías, intereses o dividendos, aunque al final solemos tener que repasar la fiscalidad sobre las minusvalías, que es bastante más favorable. Es el consuelo ante las pérdidas.

No obstante, hay algunos aspectos que vale la pena considerar sobre fiscalidad y que interesarán a aquellos que un año tuvieron la suerte de invertir en períodos alcistas:

- **Tributar por plusvalías o dividendos.** Depende de la situación fiscal de cada inversor. En general, suele ser mejor tributar por plusvalías que por dividendos, aunque algunos prefieran los segundos en su momento para anticipar tributaciones.

- **La fiscalidad como criterio de inversión.** Suele ser un argumento secundario (muchos querrían tener grandes tributaciones por grandes plusvalías). Sin embargo, éste no suele ser el único criterio ni el mejor.

- **La fiscalidad es más suave a largo plazo.** Suele castigar más los beneficios a corto plazo y, además, no permite elegir el momento en que se desea realizar y tributar.

- **Diferir impuestos es mejor que pagarlos.** Esto es muy claro en el caso de algunos planes de previsión, a pesar de los diferentes tratamientos de uno y otro producto. Porque lo malo se prefiere cuanto más tarde, mejor. Pero existen razones de tipo monetario, como la depreciación de la moneda por la inflación y los quizá menores tipos impositivos del futuro, porque las rentas del trabajador jubilado son menores.

- **Elusión de impuestos.** En algunos textos se afirma que los impuestos es mejor eludirlos que pagarlos —esto es una perogrullada–, si existen productos que lo permiten por el destino de la inversión o momentos en que se pueden evitar, por ejemplo, hasta ciertas cantidades o compensando pérdidas.

Consejos para invertir en Bolsa

- **Invierte en Bolsa dinero del que podrías prescindir.** No inviertas dinero que tienes destinado a otras cosas, como cambiar de coche o la entrada para un piso. Y, por supuesto, no te endeudes. Puedes perder parte de ello o verte obligado a mantener la inversión para no vender en pérdidas.
- **Plantéate muy bien tus objetivos y tus plazos.** Con dinero no necesario que no estaría mejor en otros destinos –la hipoteca siempre espera hambrienta, aunque muy agradecida–, establece el plazo al que quieres invertir: al día, a la semana, al mes, al año, plurianual... Cada plazo tiene unos ciclos y unos comportamientos que tienes que estudiar bien antes de invertir. Deberás ver si el valor está en máximos o en mínimos del período, en camino ascendente o descendente y su tendencia. Una vez definidos tus objetivos y tus plazos, mantente firme en tus decisiones y no te dejes llevar por el pánico. Las prisas no son buenas consejeras ni para invertir ni para desinvertir.
- **Diversifica la inversión en valores y en plazos.** Esto es lo difícil. Porque no te atrae hacer una cartera de valores sólidos a largo plazo, sino invertir en un valor seguro con volumen y frecuencia de contratación elevados, para entrar y salir con facilidad, con pequeñas ganancias. Complicado.

- **Analiza los gastos de tus inversiones.** Al principio te parecen irrisorias, un 0,50 % entre la compra y la posterior venta. No es problema ante operaciones en que te planteas ganar un puntillo. Al final, después de haber hecho unas cuantas operaciones –algunas con ganancias y otras con pérdidas–, te das cuenta de que has perdido lo que has pagado en comisiones. El único que ha ganado ha sido el banco, tanto con tus ganancias como con tus pérdidas.
- **Busca las mejores herramientas.** Para competir en el mercado que decidas, tanto sea a largo plazo como en el intradía. Si es en el intradía, hay herramientas para ello y con comisiones inferiores al 0,05% –los ceros están bien–, y no las que tienes con tu banco operando por teléfono o internet. Te crees que eres un listillo aprovechándote de las corrientes de los grandes inversores y subiéndote a su chepa sin que se enteren. Pero este mundo del intradía es al revés. Hay muchos profesionales que operan en él y están esperando a muchos incautos –porteros de la vida como tú y como yo–para que se queden los últimos con el pastel.
- **Modera tu ambición.** Es muy difícil –imposible para ti– sacarse un cuartillo (0,25 %) al día, o sea, un 10 % mensual que, traducido en términos anuales, es un 120 % a interés simple. Sólo los grandes *brokers*, especuladores del céntimo pueden sacar rentabilidades mensuales de un 10 %, a costa de pasarse ocho horas al día delante de una pantalla pisándoles los muñones a otros como ellos. Pero ellos cuentan con las mejores herramientas, operan *on line* –no como tú, que siempre tardas más de un minuto en colocar una operación–, reciben información al instante sobre las cotizaciones y saben cubrirse ante decisiones erróneas.

- **Rentabilidad y seguridad suelen ser contrapuestas.** Cuando te plantees tus objetivos de rentabilidad, evalúa también el riesgo. Ambos parámetros influirán en tu inversión. Llevado al extremo, con las opciones y futuros se puede ganar mucho dinero –aunque es muy difícil–, pero es más fácil perderlo, aunque sólo sea lo que has invertido.
- **Haz caso de los fundamentales incluso en los malos tiempos.** Si una empresa va bien, está bien enfocada, opera en un mercado floreciente y es puntera en su sector, es fácil que suba en épocas favorables. Los indicadores como el PER suelen tener razón a la larga.
- **El recorrido de una tendencia no es lo que tú pierdes.** Si el valor ha subido durante unos días, no va a estar subiendo hasta que tú recuperes, sino que lo hará mientras los inversores lo sigan comprando y no cambie la coyuntura. Aprende a escuchar y a mirar al valor y al mercado más que a tus necesidades.
- **Invertir a favor o a la contra de la Bolsa.** Es como en los casinos: repetir color o par/impar según salen o según dejan de salir. Los buenos inversores a cualquier plazo, aunque con movimientos rápidos, prefieren seguir al valor y hacer caso de los indicadores que señalan que un ciclo se ha agotado y hay que deshacer la operación. Las medias y los cruces de medias son buenos indicadores de ello.

Capítulo 7

GASTA MEJOR
Y DISFRÚTALO MÁS

La crisis nos está situando en una nueva dimensión, para muchos ya vivida, y para algunos otros más jóvenes, bastante nueva. Pero los parámetros en que nos hemos movido en las últimas dos décadas han cambiado y a ellos debemos ajustar nuestros comportamientos financieros y de consumo.

- Los activos patrimoniales: inmuebles, inversiones, incluso planes de jubilación se han desvalorizado.
- Los ingresos seguramente han caído un poco o de manera muy fuerte.
- Juegan a nuestro favor: los pagos de las hipoteca y la cesta de la compra han bajado significativamente.
- La financiación va a ser más difícil de conseguir por exigencias de mayores garantías. Y la no hipotecaria, será más cara.

En función de cómo se han comportado estas nuevas corrientes contigo, así deberás reequilibrar tus finanzas, tus consumos y tus ahorros. Y las situaciones más típicas que nos encontramos pueden ser las siguientes:

1. No tienes patrimonio inmobiliario, tu dinero o tu cuenta vivienda siguen a la espera de que los inmuebles se estabilicen y tus ingresos siguen bastante estables. Situación ideal.

2. Has perdido el trabajo y la hipoteca te aprieta. Situación catastrófica.

3. Han disminuido algo tus ingresos y la vivienda ha bajado su valor por debajo de la deuda pendiente de la hipoteca. Situación comprometida pero salvable.

4. Ha bajado tu vivienda y tu plan de pensiones, pero no tienes hipoteca aunque tus ingresos han bajado. Situación bastante buena y sin problemas a la vista.

5. Estás jubilado y tu pensión se mantiene intacta, aunque ha bajado el valor de tus casas y tus acciones, fondos o plan de pensiones. A ver la vida pasar bajo tu balcón, disfrutar y viajar.

Pues según estés en mayor o menor medida en una de estas situaciones u otras parecidas te verás más o menos afectado en función de tu exposición a los siguientes parámetros. Y pueden ser más perjudiciales, por este orden:

- **Deudas.** Ésta es la mayor amenaza y es el tema que tendrás que cuidar más en la medida que sea mayor o menor en relación al valor actual de tu patrimonio total y sus pagos en relación a tus ingresos. Estamos en una situación en que baja el valor de los activos, mientras que las deudas se mantienen, aunque quizás moderen sus cuotas mensuales. Pero de cualquier manera, has de ajustar todos tus consumos para rebajar las deudas lo más rápidamente posible.

- **El trabajo.** La pérdida del empleo y sus ingresos es de un gran calado y va a condicionar sobremanera todo lo demás, pues pueden poner en riesgo todo tu entramado financiero, ya que todas las demás variables adversas seguro que se muestran agresivas contigo. Por ello, deberás correr detrás de un nuevo empleo o fuente de ingresos mientras consigues una tregua por parte de tus deudas a la espera de que vuelvas a equilibrar tus ingresos.

- **Los ingresos.** Suelen ir relacionados con el trabajo, aunque también pueden provenir de otras fuentes como la pensión. Pero si no tienes deudas, no estás en situación de riesgo y tan sólo deberás ajustar tus consumos y tus planes de futuro. Depende que desde tu situación presente estés mirando al pasado para liquidar tus deudas, o al futuro, para llegar a la jubilación.

- **El valor de tu vivienda.** Si sólo te has visto afectado por la pérdida de valor de tu vivienda, prácticamente no ha variado nada tu situación. Si acaso, tus expectativas de riqueza —al pensar que en caso de necesidad podías vender la casa para ir a una más pequeña y con la cantidad sobrante vivir mejor y disfrutarlo— han menguado. Pero si quieres, puedes seguir igual con la misma casa y consumiendo más barato. Aunque tú vas a querer aprovechar esta ola de austeridad que nos visita para ahorrar un poco más, como en tus mejores tiempos.

- **Tus consumos.** Aunque tus consumos sean excesivos, si tus ingresos siguen intactos o con poca variación, puedes seguir con el mismo ritmo de vida y, aunque tu vivienda vale menos, los pagos por la hipoteca van a bajar. Podrás elegir entre consumir igual o más o mantener tus pagos hipotecarios reduciendo el tiempo total de pago, o ajustar tus consumos para ahorrar un poco más.

Simplifica tu vida financiera

Dentro de tu economía hay dos grandes partidas:
1. Tus finanzas, que constituyen o contribuyen a tu patrimonio.
2. Tus consumos, que son la parte de tus ingresos que necesitas para vivir, funcionar y disfrutar.

Pero lo que es más importante, ambas facetas de tu economía se alimentan, a partir de tus ingresos, con lo que tienes que hacer un reparto equilibrado en función de su **exigencia** y de su **importancia**.

- **Exigencia.** Lo primero y básico es inaplazable y hay que atenderlo sin remedio como: comida, escuelas, transportes, vestido y calzado.
- **Importancia.** Una vez cubiertas las necesidades básicas, tendrás que atender a los pagos que te reclaman, según su importancia. Y aquí la vivienda es la primera, por delante de un coche, unas vacaciones e incluso el plan de pensiones.

Pues bajo estas premisas es importante que simplifiques tu vida financiera, pues tus deudas merman tu patrimonio, y sus pagos, tus ingresos. En la medida en que consigas reducir estas deudas, todo el entramado financiero de tu economía se hará más flexible y podrás tener cierta libertad para decidir tus inversiones y tus consumos.

La tarjeta de crédito y tu hipoteca son los mayores depredadores en tu economía y los mayores enemigos de tus ahorros. Con la diferencia de que la tarjeta suele financiar tus consumos, a veces excesivos o incontrolados, y la hipoteca es la llave para conseguir un patrimonio que un día te permitirá habitar una casa gratuitamente y poder atender y proveer para tu jubilación. A no ser que el pago de la vivienda sea con una hipoteca a 40 o más años y te lo plantees como una renta o alquiler que te acompañará siempre. No es como los que ya la tenemos pagada, que la hipoteca era a 12 o 15 años y desde el primer día ya hacíamos cuentas de cuándo acabaríamos con ella.

Atendiendo a tus ingresos y a su suficiencia, debes minimizar estas dos partidas empezando por tu tarjeta de crédito, que debes dejar con deuda cero y usarla tan sólo para pagos aplazados en el mes o viajes y vacaciones, pero sin crédito. Y la hipoteca la debes ir rebajando en sus cuotas o en su plazo.

Reducir las deudas es la prioridad absoluta una vez atiendas a tus consumos inexcusables.

Presupuesta con efectividad

Los presupuestos pueden ser tan pormenorizados como quieras. Tan sencillos y globalizados como hemos reflejado en el capítulo 2, o tan detallados como vamos a ver en este capítulo. Puedes considerar todos los gastos de bolsillo juntos o llegar a detallar lo que te gastas en recambios de bolígrafo o viajes en transporte público. Sin llegar a esos extremos, vamos a considerar algunas medidas eficaces para que los presupuestos jueguen a tu favor en esta crisis:

* Como enunciábamos al principio, presupuesta con efectividad –tal como gastas el dinero, no como lo debes–, sigue tus presupuestos y mide bien las desviaciones para tratar de corregirlas.

- Vive según tus posibilidades, no por encima de ellas. Un buen presupuesto te las indicará con certeza en la medida en que incurras en déficits que mermen tus ahorros o saqueen la tarjeta de crédito.
- Resiste la tentación de las compras no presupuestadas y espera a que lo estén y veas que tienen cabida en el presupuesto.
- Anticipa tus necesidades futuras y gastos, tanto para proveer fondos como para hacer una buena compra en las mejores condiciones posibles.
- Siempre es posible comprar por menos dinero con las prestaciones y garantías necesarias. Descuentos, rebajas, liquidaciones, ofertas, al por mayor, almacenes de ropa de segunda mano, mercadillos, por correo. Busca oportunidades para atender necesidades, no caprichos.
- Acepta con alegría los gastos que se presenten y veas que tenías presupuestados porque ya habías asumido su coste y su necesidad. Y desconfía de los que no lo están, aunque se presenten disfrazados de oportunidad.
- Analiza tus desviaciones presupuestarias y, si no son evitables, modifica tus presupuestos, aunque sea al alza. El presupuesto debe ser un claro reflejo de tu penosa o virtuosa realidad.
- Analiza tus gastos anuales en términos diarios y al revés; así verás una nueva medida relativa de todos ellos. Por ejemplo, los gastos de tabaco anualizados —ya lo hemos visto— son un capital. El coste de un segundo coche puesto en términos diarios permitiría ir en transporte público y desayunar fuera del trabajo cada día o ir una vez a la semana a la peluquería.

Reduce tus deudas

No necesitas ganar más dinero para reducir tus deudas. Simplemente necesitas cambiar lo que haces con el dinero que tienes. Y lo primero que has de hacer es suprimir aquellos consumos que no sean imprescindibles o sustituirlos por otros más baratos y de igual servicio.

Si un mes ganas más dinero, destínalo a este fin, no a unas mejores vacaciones. Y si el único aliado que has encontrado en esta crisis es la bajada de las cuotas de tu hipoteca, destina ese sobrante a reducir la deuda o a acortar el plazo.

Ahí van unos consejos útiles para vencer a tus deudas según su voracidad:

- Detalla y ordena tus deudas de mayor a menor tipo de interés, lo que te permitirá establecer el orden en las amortizaciones extraordinarias que decidas hacer.

- Si algún mes consigues algún ahorro sobre los gastos presupuestados, utilízalo para reducir tu deuda, y la más a mano está en la tarjeta de crédito, seguida de tu hipoteca.

- Paga todo lo que puedas en efectivo contra la cuenta. Nada de crédito, que aumenta tus deudas.

- Controla los intereses de tu tarjeta de crédito. ¿No podrías refinanciar la deuda con un pequeño préstamo a un interés más bajo?

- Utiliza una tarjeta que te devuelva dinero sobre el total de las compras que hagas en efectivo a lo largo de todo un año. No las que sólo cobran comisiones anuales por tenerlas y mantenerlas.

- Si cada mes pagas tan sólo el mínimo que te permite tu tarjeta de crédito, verás que una gran parte del pago se va en intereses. Prueba a hacer algún pago extra cada mes y verás cómo se reducen los intereses pagados y aumenta la reducción de la deuda.

- Ni se te ocurra utilizar la tarjeta de crédito para hacer pagos de otros créditos. Estás entrando en una espiral peligrosa.
- Utiliza tus pagas extras para gastos, pero deja algo para reducir tus deudas de manera contundente. Los siguientes meses notarás la mejora.
- Aplica la devolución de la renta que tu pareja y tú conseguís en vuestras declaraciones del IRPF para reducir las deudas de la hipoteca o la deuda que tenga un interés mayor.

Planifica tu futuro

Hay que pensar a largo plazo. En estos términos, las decisiones de gastar o ahorrar, ahorrar o invertir tienen un significado diferente, y cualquier cálculo se magnifica de tal manera que es fácil tomar las decisiones.

Podemos considerar de nuevo el caso de Octavi y Julia que hace unos meses me confesaba que quería dejar de fumar. Si ponen cada mes los 180 € que se gastan en tabaco en un plan de ahorro, en el que fácilmente podría tener un interés de un 5 % anual, al cabo de 25 años, cuando lograsen su independencia financiera o se jubilasen, tendrían 107.192 €.

Y si no lo fiamos tan largo porque quién sabe dónde y cómo estarán en 25 años, podemos pensar en términos más reales y según finalidades. Si esta pareja tiene 35 años y los hijos alrededor de 3 años, dentro de 15 años, cuando los hijos tengan que ir a la universidad, podrían pagarles a ambos la mejor universidad privada, porque su plan de ahorro tendría 48.112 €.

Te pueden parecer juegos de manos, pero es que esto es así.

Susana, la pareja de Jaime, los jóvenes licenciados que se acaban de independizar, tiene siempre a tope de utilización su tarjeta de crédito, hasta los 3.600 € de límite. Si capitalizase en el mismo plan de ahorro que nuestro matrimonio exfumador, los intereses que le cobran cada mes, 30 € y los 90 de dejar de fumar, durante los siguientes 37 años, porque ella es muy joven tiene 23, a los 60 años, tendría un capital de 153.660 € y quizás podría jubilarse a esa edad para disfrutar y viajar.

Por eso es importante pensar en el futuro y trabajar para que llegue en las mejores condiciones, siguiendo estos consejos:

* Lo que se destina al plan de pensiones –cuando la hipoteca ya está amortizada por completo– no han de ser las sobras de los gastos, sino la primera partida –junto a otros ahorros–, después de atender las deudas inexcusables.
* El plan de pensiones es una buena continuidad para la hipoteca destinando en todo o en parte, la cuantía que se destinaba a ella.
* Además de la continuidad en la constitución de tu patrimonio, representará también la continuidad de tus desgravaciones para pagar menos impuestos.
* Hay que seguir la regla del 70-20-10. Es decir, 70 % para Hacienda, servicios, colegios y gastos ordinarios; 20 % para grandes gastos e inversiones; y por lo menos un 10 % para previsión. Es la garantía de tu futuro.
* Utiliza preferentemente los instrumentos de previsión con ventajas fiscales. Aumentarán tu beneficio y te ayudarán a incrementar tu patrimonio.
* Si la crisis ha mermado tu patrimonio en planes de jubilación y, con ello, las expectativas del capital o rentas

que esperabas conseguir, has de hacer un replanteamiento según tus estimaciones sobre la evolución de los mercados financieros y bursátiles y las aportaciones que puedes seguir haciendo.

- Como hemos dicho anteriormente, lee, infórmate, asesórate y decide tú. Los consejeros áulicos, el gestor de tu plan o tu banquero personal tienen las mismas posibilidades que tú para acertar sobre la dimensión y duración de esta crisis y si la Bolsa va a mantener su vía alcista.

Gasta mejor y disfruta lo gastado

Al analizar tu presupuesto de gastos domésticos debes considerar con especial detalle todos los conceptos en función de las horas que necesitas para conseguirlos. Con la particularidad de que a las horas trabajadas debes añadirles las horas necesarias para cubrir la retención a cuenta de impuestos y las horas que necesitas para trasladarte al trabajo.

Por eso, siempre has de evaluar el esfuerzo que te supone ganarlo y la satisfacción que recibes a cambio, que muchas veces es tanto material como emocional. A veces hay que desconectar, romper la rutina, oxigenarse un poco, escaparte con la pareja a solas. Entonces, el gasto se transforma en inversión. No obstante, es importante que tengas en cuenta:

El coche y otros bienes duraderos

- Cuida los bienes que tienes sacándoles el máximo partido y la mayor duración.
- No destruyas ni te deshagas de las cosas que ya no utilizas. Busca organizaciones o familias que las puedan reuti-

lizar. Y si las tiras, no las mezcles con la basura. Déjalas de forma que alguien las pueda aprovechar para reparar o desguazar.

- Si necesitas cambiar de coche, considera la posibilidad de que sea de segunda mano o de *renting* o de uso parcial, como ya se está empezando a comercializar; así sólo pagarías por su uso.
- Analiza los gastos que implica el coche y el ahorro que supondría no tenerlo: no pagar garaje ni mantenimiento y alquilar un coche para viajes y vacaciones. Los números se decantarán claramente por una opción.
- ¿Seguro que necesitáis dos coches? Con uno solo, el presupuesto se empezaría a convertir en un presupuesto mágico. Los números cambiarían por completo de color.
- ¿Has considerado la opción de utilizar cada día para ir a trabajar el transporte público? Veras que no funciona tan mal, y así tendrías más tiempo para leer y, quizás, llegarías más relajado al trabajo y por la noche a casa.
- ¿Has pensado en compartir el coche con otros vecinos o compañeros que se desplazan cada día como tú a la ciudad o acuden a tu trabajo desde un barrio próximo al tuyo?
- No utilices el coche para recados y desplazamientos cortos. Ganarás en salud y el desgaste de zapatos será inferior al desgaste del coche.
- Mantén un registro de los gastos y consumos de tu coche. Encontrarás oportunidades para optimizarlos y reducirlos.
- Haz una revisión anual de tu coche. Te evitarás sorpresas y gastos inesperados, que siempre serán mayores que los previstos y realizados con tiempo.

Las tarjetas y otros servicios bancarios

- ¿Seguro que necesitas tantas tarjetas y tu mujer otras tantas? ¿Y encima pagas una comisión anual por algunas de ellas? Una de crédito para los dos y una de débito para cada uno son suficientes. Y la de los grandes almacenes, porque es gratuita y permite atrasar las compras de las rebajas dos meses.
- Utiliza los cajeros de tu entidad. Los de las otras entidades, aunque pertenezcan a la misma red, te cobran comisiones por retirar dinero.
- Si no puedes evitar esas comisiones, por lo menos reduce el número de veces que utilizas cajeros de otras entidades. Saca dinero en efectivo cada dos semanas, y para tu mujer y para ti a la vez.
- Ahorra antes de gastar. No dejes el ahorro a expensas de lo que sobra. Ha de ser una partida que se aparta a principios de mes. Luego, si no se llega a final de mes, ahí está la tarjeta de crédito para cubrir esa diferencia como pago aplazado. Y si necesitas pagarlo a crédito que lo puedas amortizar en uno mes o dos meses sin problemas.

Las compras de ropa, calzado, moda y demás

- Establece y piensa –los viajes en tren te lo permitirán– en las diferencias entre querer y necesitar. Compra lo necesario y piénsate mucho lo deseado.
- Analiza todos tus gastos y piensa si realmente son necesarios y te aportan algo.
- No vayas de compras para entretenerte. Hay otras maneras de pasar el tiempo y aumentar la autoestima.
- No podéis vivir pendientes de las modas. Hay que tener prendas duraderas que permitan adaptarse, con otras más modernas, a cada nueva tendencia.

- Como ya hemos sugerido, relativiza todas las compras en relación con las horas que necesitas trabajar para ganar su coste. Si consideras los impuestos en el cálculo de lo que gastas y en la retención por lo que ganas, piensa que por un bolso de unos 80 € –muy caro–, la pareja ha de trabajar 5 horas cada uno.

- De la misma manera has de considerar los costes de las compras, comparando el coste real de hacerlo en efectivo o a crédito. Y si no tienes dinero para ello, espérate y ahorra mientras tanto.

- Piénsatelo antes de renovar la suscripción a esa revista que ya no lees y sólo amontonas. Ahorrarás dinero y espacio en la librería y en el garaje.

- Revisa los armarios, porque puedes encontrar algunas cosas que tenías olvidadas y todavía están en buen uso para otra temporada, como una corbata, un bolso o unos zapatos.

- Al contrario, deshazte de lo que sea viejo e inservible, dándolo a quien lo pueda utilizar. Descongestionará el armario y vuestra mente, y avanzaréis en el camino del minimalismo existencial –no sólo decorativo– que está tan de moda.

- No te recomiendo que uses la ropa que se queda pequeña de un hijo para el siguiente porque ya lo haces en la medida de lo posible, como haces con sus libros de texto.

- Los famosos «todo a cien» siguen existiendo como «el chino de la esquina» y allí hay muchas ofertas al equivalente de 60 céntimos.

- Echa mano de los remedios caseros para muchas cosas que antes utilizabas la farmacia, la tintorería o el supermercado, para un jarabe a base tomillo, limón y miel para la garganta, un quitamanchas para la tinta o el verde de la hierba o la mayonesa hecha al momento.

Consumos y servicios en el hogar

- Ahorra agua y electricidad con el lavavajillas o la lavadora optimizando los fregados o lavados o las duchas en lugar de baños o en el gimnasio.
- Simplifica tu vida, tus armarios y tu buzón. Deshazte de las medicinas a medio usar, los potingues y cremas del armario del cuarto de baño, y no aceptes ofertas en los buzones.
- Para limpiar tu buzón, convence a la comunidad para poner un cartel que diga: «No se acepta correo comercial»; aunque sea un mal negocio para los que somos *marketinianos,* verás que es un descanso visual y mental.
- Ahora es posible usar las librerías de libros, CD o películas para alquilarlas gratuitamente, sólo por una cuota anual que te reducirá tu partida de gastos en estos conceptos o las salidas familiares al cine.
- Intercambia servicios por los que sueles pagar con otros que puedas prestar: cuidado de niños, desplazamientos, reparaciones en el hogar y en el coche, cuidado del jardín o de animales en verano...

No sólo hay que hacer mejorías en las grandes partidas de gastos e inversiones. Una vez ajustados tus ingresos, el pago de tus impuestos con sus desgravaciones, el pago de la hipoteca o los fondos que destinas a previsión, has de enfrentarte a tu presupuesto de gastos domésticos para darle los retoques necesarios y que colaboren con la nueva situación de economía familiar que os habéis planteado.

En el cuadro siguiente te planteo un ejemplo para hacer que tus gastos del próximo año –2010–, no sean una mera extrapolación de los gastos de 2009, sino una redistribución pensada y consensuada entre las diferentes partidas de gasto y una meta compartida por todos los miembros de la familia.

Escoge entre ahorro y consumo

El ahorro ya no es una cuestión de avaros anticuados que actúan con nocturnidad, sino que ha de ser una actividad familiar que engrandece a la familia y la hace solidaria en sus planes de futuro. Para ello:

- Analiza tus gastos domésticos, porque en ellos es posible hacer muy buenas economías.
- Implica y conciencia a toda la familia en esta misión. Cada uno puede contribuir en la medida de sus posibilidades. En muchos de los consumos del hogar, casi todos tenéis las mismas oportunidades. Tanto en los servicios que hemos considerado en el capítulo 2 como en el resto de consumos que aquí analizamos, desde golosinas y gastos de bar, hasta alquiler de películas en DVD y salidas al cine.
- Ofrece a tu familia y en especial a tus hijos, compensaciones y premios por sus ahorros. Que vean que son fructíferos. Por ejemplo, que entiendan que la visita al parque temático ha salido del ahorro anual en salidas al cine o que los administren ellos en una hucha familiar.
- A pesar de ser un ecologista poco convencido, pero que cree en el desarrollo sostenible, he de sugerirte que ahorres energía y recursos naturales que el mundo dilapida.
- Reduce las comidas y desayunos diarios fuera de casa. Ahora está de moda llevarse al trabajo la fiambrera o el *tupperware,* con la excusa de que haces régimen, comes mejor y te gusta más. Y los festivos de toda la familia también.
- Haz régimen alguna semana al mes. Lo notarás en tu salud y en tu economía.
- No todo es de usar y tirar. Muchas cosas, sobre todo los electrodomésticos y aparatos electrónicos –aunque cada día es más difícil–, se pueden reparar.

PRESUPUESTO DE GASTOS DOMÉSTICOS

	Mes 2009	Anual 2010	Mensual 2010	Ahorro Anual 2010
1. Comida y asistenta	1.200	16.632	1.050	4.032
Comida para el hogar	350	4.200	333	204
Caprichos para el hogar	30	360	15	180
Comidas básicas en el trabajo	230	2.760	190	480
Restaurantes para deleite	100	1.200	80	240
Comidas rápidas fuera	44	528	20	288
Adicciones y caprichos de máquina	12	144	12	0
Asistenta	620	7.440	400	2.640
2. Hogar y estancias externas	164	1.968	130	408
Hoteles	0	0	0	0
Viajes y vacaciones	75	900	60	180
Reparaciones del hogar	45	540	45	0
Remodelaciones	44	528	25	228
3. Mantenimiento del hogar	87	1.044	60	324
Útiles de limpieza	48	576	35	156
Lavandería, tintorería y plancha	14	168	10	48
Reparaciones de electrodomésticos	5	60	0	60
Productos de baño y aseo	6	72	6	0
Productos de cocina (no comida)	8	96	5	36
Herramientas y jardinería	6	72	4	24
4. Vestido, calzado y ornamentos personales	145	1.284	76	372
De diario	23	276	21	24

PRESUPUESTO DE GASTOS DOMÉSTICOS

	Mes 2009	Anual 2010	Mensual 2010	Ahorro Anual 2010
De trabajo (mono o traje)	50	600	30	240
De vestir y moda	14	168	10	48
De recreo y deportes	20	240	15	60
5. Transportes	**180**	**2.040**	**137**	**396**
Traslados al trabajo	38	456	45	-84
Gasolina	96	1.152	60	432
Aceite y cambio de aceite	10	120	10	0
Mantenimiento del coche	12	144	10	24
Licencias y permisos del coche	2	24	2	0
6. Ocio y entretenimiento	**360**	**4.560**	**264**	**1.393**
Bebidas en casa	30	360	15	180
Tabaco	90	1.080	60	360
Medicinas no prescritas	15	180	10	60
Eventos deportivos	35	420	30	60
Teatros, conciertos, museos	44	528	24	240
Cine	21	252	15	72
Vídeos, compacts, DVD	20	240	14	73
Fines de semana, salidas	70	840	50	240
Libros, prensa, revistas	30	360	21	108
Hobbies como aeromodelismo	3	36	3	0
Juguetes	10	120	10	0
Ordenadores y consolas	6	72	6	0
Equipamiento deportivo y de camping	6	72	6	0
TOTAL	**2.136**	**27.528**	**1.717**	**6.925**

- Cuando compres bienes duraderos, escoge calidad en lugar de gangas. Que sea de alta calidad, ofrezca buenas prestaciones, gran eficiencia de uso y consumo, y se pueda reparar.
- Sé consciente de la abundancia en que vives. Posees muchos más bienes que tus padres en su momento, o con los que te criaste. Cuídalos y trata de mantener sólo los necesarios. Muchos no lo son.
- No te dejes obnubilar por gangas y superofertas de cosas que no necesitas.
- Haz un plan de compras en rebajas. No compres gangas que se te presenten, sino las cosas que necesitas y llevas tiempo planificando.
- Hazlo tú mismo. Pintar la habitación de los niños ayudado por tu mujer y, a lo mejor, por los niños; reparar un enchufe o la cinta de una persiana. Entre lo que sabes y lo que te expliquen en la tienda de bricolaje, puedes hacer mucho.
- Desarrolla aficiones que te puedan ser de utilidad y te ahorren encargar tareas a profesionales.
- Alquila películas o págalas por PPV en vez de ir todos al cine. Te saldrá más barato y a lo mejor te ahorras la comida basura de después, sustituyéndola por unos sándwiches vegetales o una cena integral.
- Usa los vales de descuento de los supermercados, compra productos que estén en oferta y aprovecha las ofertas de las revistas.
- No seas Quijote y des por sentado que las facturas domésticas, del supermercado o del restaurante están siempre bien. Revísalas sin complejos.
- Cuando te den un presupuesto, pide otros y trata de conseguir rebajar el de mejores prestaciones o mayor calidad. Te sorprenderás de lo comprensivos que son los provee-

dores con tu economía familiar. Seguro que no te dan lo que no pides, y de lo que pidas, tan sólo algunas cosas.

- Redecora tu vida y tu hogar en lugar de encargarlo a extraños que te cobrarán por interpretar tus sueños y hacer después lo que puedan.

- Acuerda con tu familia, parientes y amigos intercambiar, en las ocasiones señaladas, regalos baratos o hasta una determinada cantidad. Verás que os harán la misma ilusión, perderéis el miedo a tener que quedar bien en una carrera sin límites y os divertiréis buscándolos.

- No dejes de hacer tus viajes en vacaciones, pero los puedes acortar y pasar la mitad en tu pueblo o en casa de tus padres, que se alegrarán de ver a sus nietos. «Para las vacaciones hay que echar la mitad de ropa y el doble de dinero», decía un buen amigo.

- Planifica, encarga y reserva los viajes de placer y las vacaciones con tiempo. Serán más baratos y podrás elegir entre diferentes ofertas y con mejores condiciones.

- También puedes planear unas vacaciones alternativas con una caravana en lugar de ir a un hotel. La familia cooperará y se lo pasará en grande.

- Intercambia tu casa habitual —si no tienes otra donde pasar las vacaciones— por una que te permita pasar unas vacaciones diferentes.

La cesta de la compra

La cesta de la compra es la parte de productos básicos que resultan inexcusables y no se pueden eliminar. Pero también es posible obtener de ella una mejora en vuestra alimentación y no digo comiendo menos —aunque también podría ser beneficioso–, sino alimentándose mejor con alimentos más sanos y naturales. Y en un efecto añadido, también es posible comer más sano con un coste inferior. Para ello debemos tener en cuenta:

- **Qué comprar.** Compra productos frescos en vez de productos procesados. Es más barato y más natural. Por ejemplo, mejor naranjas que zumos envasados. Evita productos de marca si puedes conseguir otras opciones a mejor precio y con la misma calidad en marcas blancas. La mayoría de los establecimientos las ofrecen. O productos a granel en lugar de productos envasados.

- **Cómo comprar.** Realiza un presupuesto previo y una lista de la compra cuando vayas al supermercado o al mercado, así evitarás compras innecesarias. No hagas la compra con hambre ni en estados de depresión o euforia, ya que pueden influir en tus compras y casi siempre de manera desfavorable.

- **Dónde comprar.** Compra en mercados municipales o en galerías comerciales con productos frescos y a granel si tienes tiempo y ocasión para ello y consigues mejorar la economía o la frescura y calidad de los productos.

- **Pago.** Paga, preferiblemente, en efectivo y, si utilizas tarjeta de crédito, realiza una anotación de los gastos. Aprovecha los descuentos u ofertas que realizan los establecimientos comerciales.

- **Planificación.** La planificación de los alimentos que queremos comprar es un aspecto muy importante en nuestra rutina, y para ello, debemos seguir cierto método para determinar las cosas necesarias en función de que no todo tiene la misma duración ni el mismo plazo de renovación o aprovisionamiento. Y por ello hay compras de diferente periodicidad, como, por ejemplo:

- Mayor que mensual: detergentes, conservas, harina, especias.
- Mensual: leche, arroz, legumbres, conservas, cereales, congelados.
- Semanal: frutas, verduras, carnes, quesos, embutidos.
- Diaria: pan, pescados, ensaladas, comidas preparadas.

Ya sé que la buena ama de casa –o sea, casi todas– tiene una organización natural y todo esto le sale espontáneo, pero una buena planificación ayuda a racionalizar los consumos y los gastos que conllevan.

Ahorra en tu cesta de la compra

Para ahorrar en tu Cesta de la Compra es bueno que sigas algunos de los siguientes consejos:

- Planificar anticipadamente el menú, diario o semanal, dependiendo de qué manera realices la compra, tratando siempre de incorporar gran variedad de alimentos y de respetar las raciones en un esquema de dieta mediterránea.
- Piensa qué comidas se harán cada semana, y quién comerá en casa.
- Presta atención a las ofertas o listas de precios de alimentos que puedes encontrar en tu centro de compra habitual. Compara precios y calidad, no elijas sólo por marcas.
- Utiliza marcas blancas en la medida en que te aporten la misma calidad y prestaciones.
- Repasar la despensa de tu cocina, para no comprar algo que todavía tengas en suficiente cantidad.
- Confecciona una lista con los alimentos que tienes que comprar y trata de no apartarte de ella, a no ser que veas una oportunidad que sepas que te va a aportar mayor utilidad a buen coste.

DISTRIBUCIÓN DE CESTA DE LA COMPRA ACTUAL Y SIMPLIFICADA							
PRODUCTOS	Unidad	Precio	Coste	Unidad	Precio	Coste	Ahorro
Arroz	4	1,0	4,0	4	1,0	4,0	0,0
Pasta	4	6,0	24,0	3	6,0	18,0	–6,0
Patatas	4	0,9	3,6	4	0,8	3,0	–0,6
Pan	20	4,0	80,0	15	3,5	52,5	–27,5
Legumbres	4	1,2	4,8	5	1,2	6,0	1,2
Leche	30	1,4	42,0	25	0,7	16,3	–25,8
Yogur	10	2,0	20,0	12	1,8	21,6	1,6
Queso	1	10,0	10,0	1	8,0	8,0	–2,0
Comidas preparadas	4	8,0	32,0	2	6,0	12,0	–20,0
Verduras	12	2,0	24,0	15	2,0	30,0	6,0
Frutas	16	2,5	40,0	18	2,5	45,0	5,0
Ensaladas	4	3,0	12,0	5	3,0	15,0	3,0
Tomates	8	1,5	12,0	9	1,5	13,5	1,5
Cebollas	4	1,0	4,0	4	1,0	4,0	0,0
Ajos	0,5	10,0	5,0	0,5	10,0	5,0	0,0
Cereales/ galletas	2	5,0	10,0	2	4,5	9,0	–1,0
Aceite de oliva	2	3,5	7,0	2	3,5	7,0	0,0
Aceite de girasol	1	1,0	1,0	1	1,0	1,0	0,0
Mantequilla/ margarina	1	6,0	6,0	1	4,0	4,0	–2,0
Frutos secos/ oleaginosos	1	8,0	8,0	1	6,0	3,0	–5,0
Vacuno	6	18,0	108,0	4	14,0	56,0	–52,0
Cerdo	4	9,0	36,0	4	8,0	32,0	–4,0

DISTRIBUCIÓN DE CESTA DE LA COMPRA ACTUAL Y SIMPLIFICADA

PRODUCTOS	Unidad	Precio	Coste	Unidad	Precio	Coste	Ahorro
Cordero	2	15,0	30,0	2	13,0	26,0	−4,0
Aves	8	8,0	64,0	8	7,0	56,0	−8,0
Embutidos	2	18,0	36,0	2	13,0	19,5	−16,5
Vísceras	2	8,0	16,0	2	7,0	14,0	−2,0
Pescado blanco	8	12,0	96,0	6	10,0	60,0	−36,0
Percado azul	8	8,0	64,0	10	8,0	80,0	16,0
Crustáceos/ marisco	3	20,0	60,0	1,5	15,0	22,5	−37,5
Moluscos/ mejillones/ etcétera	2	3,0	6,0	2	2,5	5,0	−1,0
Cefalópodos	2	6,0	12,0	3	5,0	15,0	3,0
Azúcar	1	0,8	0,8	1	0,8	0,8	0,0
Huevos	2	1,8	3,6	2	1,8	3,6	0,0
Conservas	2	5,0	10,0	1	4,0	4,0	−6,0
Chocolate	1	6,0	6,0	1	5,0	5,0	−1,0
Helados	2	6,0	12,0	1,5	6,0	9,0	−3,0
Agua y refrescos	60	1,0	60,0	40	1,0	40,0	−20,0
Aperitivos	1	20,0	20,0	0,5	20,0	10,0	−10,0
Vino/cerveza	8	3,0	24,0	6	3,0	18,0	−6,0
Licores	1	10,0	10,0	0,8	10,0	7,5	−2,5
Salsas	1	5,0	5,0	1	5,0	5,0	0,0
Especias	0,5	3,0	1,5	0,5	3,0	1,5	0,0
Detergentes	4	2,0	8,0	4	2,0	8,0	0,0
Productos aseo	2	6,0	12,0	2	6,0	12,0	0,0
Productos limpieza	4	2,0	8,0	4	2,0	8,0	0,0

- Haz alguna vez el ejercicio numérico que te propongo en el cuadro anterior. Poniendo las cantidades en kilos o litros y sus precios equivalentes. Te puedes sorprender al ver que un kilo de patatas chips cuestan mucho más que un kilo de la mejor ternera, y casi como el marisco.

- Verás en qué partidas se te van los mayores gastos por cantidades consumidas o por precios. Sobre ella podrás determinar una combinación más correcta en función de un mejor equilibrio alimenticio y un ahorro de gastos.

- Los productos que más inciden en tu cesta de la compra por precio son las carnes de vacuno, pescado blanco y los mariscos. Y por cantidad consumida, el pan, la leche, las frutas y las verduras. No todas tienes que reducirlas de la misma manera, pero has de hacer una composición más equilibrada con ellas.

- Muchas cosas del hogar se pueden comprar al por mayor. Organiza una despensa y aprovisiónala cada tres meses con legumbres, pastas, arroz, conservas, leche, etcétera Mil cosas que puedes comprar más barato.

- Compra alimentos de temporada: son mejores, salen más baratos y los puedes guardar y congelar.

- Si tienes un adosado, puedes cambiar el jardín o parte por un huertecito. Pero a mí me parece ya hilar demasiado fino y llegar a los límites del ridículo. Que hagas tus propias palomitas no tanto, porque queda en casa, pero lo del huertecito se las trae. Queda a tu buen criterio.

- Lo que sí puedes hacer es mejorar tu dieta con una mayor cantidad de verduras, ensaladas, frutas y legumbres, mientras reduces la de carnes. Es saludable, moderno, sostenible, ecologista, y permite ahorrar.

- De la misma manera, hay algunos productos que no son importantes en una dieta equilibrada, como aperitivos y refrescos; prescinde de ellos o redúcelos.

- Y no pueden tener la misma consideración los zumos que los refrescos, aunque los zumos es mejor que los hagas naturales de frutas exprimidas.

Distribución porcentual en unidades

En el siguiente cuadro hemos puesto la distribución en porcentajes de las cantidades compradas presentes en el cuadro anterior, antes y después del ejercicio de racionalización. Podemos comprobar en qué medida el ajuste de las cantidades ha incrementado los productos más sanos, como las verduras y ensaladas, y hemos reducido de manera drástica los refrescos y aperitivos. Y aunque aquí no se ve, porque el consumo de proteína animal se mantiene constante, también hemos decantado la balanza –nunca mejor dicho– hacia el pescado azul en lugar de las carnes.

DISTRIBUCIÓN EN UNIDADES		
Carne/pescado/marisco	20%	20%
Fruta/verdura/ensalada	18%	23%
Legumbres/pasta/arroces/cereales	13%	12%
Leche/queso/yogur/huevos	16%	16%
Aceites/mantequilla	1%	2%
Aperitivo/refrescos	29%	22%
Limpieza/aseo	4%	4%
	100%	100%

Distribución porcentual en coste total

Al analizar lo resultante en costes, se percibe, tanto en porcentajes como en términos de ahorro, la disminución en carnes y pescados por el consumo más elevado de pescado azul, el incremento en frutas, ensaladas y verduras y la reducción de refrescos y aperitivos como consecuencia de la disminución en cantidades y precios.

Si analizamos el resultado de ahorro en términos monetarios, vemos que éste se produce en mayor medida por cantidades y precios en la carne de vacuno o mariscos, así como en aperitivos y refrescos y por precios en los productos básicos como pan, leche, legumbres, pastas y productos semejantes porque es posible reducir algo sus cantidades, como el pan, ya que los españoles somos demasiado panarras. Y en los precios, al poder consumir marcas blancas en legumbres, arroces o pastas de igual calidad, pero menor precio.

Nos estamos convirtiendo en una familia más sana por la alimentación mediterránea que seguimos y el ejercicio diario como sustituto del transporte mecánico. Y más ecológica, al consumir productos que utilizan menos envases perniciosos y reciclar o clasificar nuestros desechos.

Y que conste que no soy un conservacionista extremo que quiera purgar sus culpas consumistas biodegradantes, pero quiero ser solidario con los esfuerzos que ya todas las administraciones hacen para que contaminemos menos con la eliminación de elementos perniciosos, que van desde las bolsas de plástico, los envases de PVC o las pilas y los termómetros de mercurio.

DISTRIBUCIÓN DE COSTE Y AHORRO			
Carne/pescado/marisco	53%	50%	−162
Fruta/verdura/ensalada	10%	15%	14,9
Legumbres/pasta/arroces/cereales	12%	11%	−33,3
Leche/queso/yogur/huevos	7%	6%	−26,15
Aceites/mantequilla	1%	2%	−2
Aperitivo/refrescos	15%	13%	−53,5
Limpieza/aseo	3%	4%	0
	100%	100%	−262,05

Capítulo 8

Y TÚ

«La vida es lo que nos pasa mientras tratamos de ser felices» era una aseveración que trataba de explicarnos la importancia de prestar atención a la vida y a las acciones diarias sin despistarnos con metas muy lejanas y a veces difíciles de conseguir. Hay que vivir la vida dotando de sentido a cada acto, sea de trabajo o de disfrute, porque eso es lo importante si lo hacemos con sentido y enfocado a la consecución de un fin. Dedicarnos por completo y con todos los sentidos a vivir la vida: dormir, soñar, trabajar, comer, disfrutar, leer, ver menos la televisión y compartir tiempo y buenos ratos con los demás.

Si todo esto y algo más lo hacemos con alegría, veremos que podemos exprimir la vida sacando de cada momento lo mejor. También valdría desde el punto de vista laico —nada religioso— con que afrontamos todo esto, algo más sublime todavía. Como dice mi buen amigo Ricardo: «Tenemos que descubrir la alegría de dar».

Pues ahora, con la crisis por todas partes, podemos decir que la «vida es lo que nos pasa mientras tratamos de superar la crisis».

Si antes necesitábamos encontrarle una finalidad existencial a todo porque tanta abundancia y tanta riqueza virtual nos cegaba, ahora ya tenemos una meta más real que nos condiciona la práctica del día a día.

Tus enemigos en esta guerra

Cualquiera que sea la puerta por la que la crisis se ha colado en tu vida, parece obvio que vas a tener que replantearte muchas cosas, porque la escala de valores monetarios ha cambiado y tus comportamientos deben modificarse con ella para no apartarte demasiado de los planes y objetivos que tenías marcados. Llegar a jubilarte a la edad prevista —si no te han prejubilado antes—, que tus hijos puedan estudiar la carrera que desean o terminar la segunda residencia que estaba a medias.

Seguro que tú tienes otros objetivos más claros, pero, de cualquier manera, has de adecuar tus recursos para hacerlos posibles.

Y, en este camino nuevo que hemos de recorrer, nada va a ser como antes y, por ello, hay unos malos compañeros de viaje que has de abandonar:

Despilfarro
Nada más mencionarlo ya suena a pecado, aunque lo practicas poco. Pero podemos definirlo como gastar demasiado en cosas a las que les sacamos muy poco provecho, no necesitamos o desechamos enseguida.

No sólo hemos de pensar en el despilfarro de los ricos cuando se gastan una fortuna en una noche de casino o una semana de lujo y placer. También se da en los nuevos ricos virtuales, aunque en menor medida, cuando cambiamos cosas simplemente porque ya no están de moda o porque, pasados unos días o una temporada, ya no nos aportan la ilusión de la novedad.

O podemos ser despilfarradores del talento, como lo somos con el agua, la luz, la gasolina o los consumos excesivos en una noche loca de juventud.

Consumismo

Es un pecado parecido al despilfarro, pero con pequeños matices y una mayor presencia entre nosotros. Ya no es gastar por gastar, sino las ansias de gastar y consumir como medida del éxito o como única manera de sentirnos vivos y activos ante la monotonía de la vida. Éste es un vicio más presente entre nosotros y lo practicamos tanto con ropa como con objetos personales o pequeños artilugios y electrodomésticos. Desde la consola a la Play, pasando por los teléfonos móviles, vestidos o perfumes.

La sociedad de consumo nos tenía subyugados y la sensación de ricos virtuales por la sobrevaloración de nuestras viviendas o la docilidad de la tarjeta de crédito alimentaba nuestras ansias de novedad a cualquier precio.

Vicios confesables

Podemos considerar vicio todo aquello que ejerce sobre nosotros un poder absoluto de manera que se impone a nuestra voluntad. Y puede haber vicios onerosos como la bebida o el tabaco, o gratuitos como morderse las uñas o rascarse la nariz en público. Vicios que merman nuestra salud, como la bebida excesiva o el tabaco, o inocuos como silbar en un sitio público. Y, haciendo honor al título, confesables e inconfesables.

Pues en esta crisis tendremos que desechar los inconfesables y moderar o controlar nuestros vicios confesables y onerosos o perniciosos para nuestra salud para preservar nuestro patrimonio y mejorar nuestro ritmo y esperanza de vida. El placer se administra a voluntad, mientras que el vicio nos domina y visita cuando quiere.

Deudas

Aquí hemos ido de menor a mayor, y las deudas van a ser nuestro principal enemigo. Cualquiera que sea la manera en que la crisis nos aprieta –patrimonio, rentas, o salarios–, el principal enemigo en casa van a ser las deudas. Porque tienen el efecto maléfico de mermar nuestro patrimonio, desviar la atención prioritaria de nuestros ingresos e incluso dejar nuestro patrimonio en cero o negativo.

Las grandes deudas introducen en nuestras cuentas la maldición de la resta –lo que no hace la división–, y, con ella, podemos llegar al cero o a los negativos. Sin deudas, por mucho que se desvalorice nuestro patrimonio o nuestras inversiones, nunca llegaremos al cero. Pero si hay deudas, puede ser que la valoración de estos activos sea inferior a la deuda.

Por eso, las deudas van a ser nuestro principal enemigo ante la crisis y por ello hay que controlarlas y reducirlas en primer lugar.

Tus aliados para superar la crisis

Al contrario que los enemigos que tienes que abandonar, hay otras amistades que debes cuidar y hacer que sean tus compañeras de viaje en esta lucha por alcanzar el círculo virtuoso que te lleve a un nuevo camino de perfección.

Austeridad

Ya olvidada para algunos de nosotros y no conocida para las nuevas generaciones que han crecido en la abundancia, aunque sean de familias modestas. La austeridad llevada a su extremo monacal o ascético es vivir con sólo lo imprescindible. Y practicada de una manera más general, como debemos hacer todos nosotros, aunque sólo sea unos meses para ponernos a prueba como método de superación personal, vivir con sólo lo necesario para avanzar por el camino de perfección que nos hayamos trazado.

La austeridad es el hábito que nos ha de permitir transitar con humildad por la senda enriquecedora de la sabiduría.

Ahorro

El ahorro es un concepto que presupone una variable económica, sea monetaria o no, y significa no malgastar o derrochar recursos económicos, como puede ser el agua, la leña en un bosque o el dinero en la compra del periódico de la mañana o la cervecita de la tarde.

Tendremos que plantearnos prescindir o disminuir el consumo de todo lo que no sea estrictamente necesario o podamos sustituir por otro elemento o servicio de parecidas prestaciones y menor precio.

El ahorro es el camino de los humildes hacia la fortuna.

Reciclaje

Nada de usar y tirar. Todo es aprovechable o reutilizable, a veces por nosotros mismos y, si no, por otras personas o instituciones. Desde la ropa usada, pasando por los juguetes, hasta la caja de embalar el jamón de navidad para hacer una caja de herramientas o la caja de recuerdos para los niños. No sólo es una actividad privada encomiable que ahorra recursos materiales, sino que también nos puede reportar un ahorro económico. Y, con todo lo que no podamos o queramos hacer nosotros, facilitaremos su acceso a otros que seguro que le sacarán una utilidad. Desde la separación de basuras biodegradables, pasando por los envases de vidrio, el papel o el ordenador que hemos de cambiar por falta de capacidad o la televisión porque no tiene TDT. Dejados al lado del contenedor de basura, a ser posible con un cartelito de «está en buen uso», facilitará que alguien lo aproveche.

Hecho a mano o a pie

Desde guisar en casa las comidas que llevaremos al trabajo o los niños al colegio en *tupperware* durante toda la semana, hasta el desplazamiento en transporte público, a pie o en bicicleta, a la oficina cada día. Los coches habían invadido nuestras ciudades, como las comidas preparadas habían invadido nuestras costumbres. Pero, poco a poco, estamos volviendo a recuperar muchos espacios para las personas, como las cacerolas y los fogones vuelven a reinar en nuestras casas.

Ahora es el momento de recuperar estas actividades que nos ofrecen un provecho. Saldremos ganando en salud, tranquilidad, dinero y autoestima.

Metas en la vida

La crisis nos está resituando ante el espejo de nuestras miserias y nos obliga a contemplar nuestra realidad desnuda. Ya no tenemos el disfraz de la abundancia que nos permitía distraer nuestra mirada. Ahora hemos de hacer balance de lo que somos y valemos para poder tirar adelante con lo que tenemos y lo que podemos conseguir.

Por eso hemos de plantearnos:

¿Nos gusta la vida que llevamos?

¿Tenemos una meta clara en la vida?

¿Hacemos lo que realmente queremos?

¿Nos gusta el trabajo que hacemos?

¿Vamos por una senda virtuosa de salud o un camino tortuoso de deterioro?

¿Utilizamos el estrés como excusa ante nuestras limitaciones y carencias?

¿Dominamos nuestros vicios confesables o nos dominan ellos?

¿Dedicamos a la familia el tiempo necesario o sólo el que permite el trabajo?

¿Estamos gastando nuestro capital formativo o invertimos en mejorarlo?

«No sólo de pan vive el hombre», dice la Biblia, sino que «hay que poner algo en medio», añado yo. Y entre el pan de nuestras finanzas y posesiones hemos de poner la sustancia de nuestra confianza y nuestras metas en la vida:

No sólo sacar a los hijos adelante, sino ayudarles a madurar y a crecer en armonía.

No sólo hacerse ricos para no tener que trabajar, sino también para tener mayor libertad.

No sólo disfrutar lo ganado, sino también con merecimiento y provecho.

No sólo envejecer con dignidad, sino también con serenidad, integridad y más sabiduría.

No sólo vivir en sociedad o disfrutar de la naturaleza, sino también colaborar para mejorarlas.

No sólo dudar de las certezas impuestas, sino también proclamar nuestras verdades inciertas.

En definitiva, con la crisis hemos de recapacitar sobre nuestras posesiones actuales y nuestras expectativas futuras, pero tenemos que reconsiderar todo el entramado de nuestras creencias. Porque todas las realidades sobre las que se asentaba nuestra sociedad de la riqueza virtual, los ingresos excesivos y las deudas perpetuas han resultado nefastas y han sido las causantes de esta crisis de patrimonios y valores. Y, sobre el foso de la crisis, tendremos que construir unos cimientos nuevos, basados en el esfuerzo, la austeridad y el ahorro como motores de la nueva era.

Teníamos claras nuestras metas en la vida antes de la crisis y todas ellas eran válidas. Y, aunque este nuevo filtro las haya puesto en cuarentena, no podemos permitir que ello nos aparte de nuestra meta fundamental.

Llegar a director de sucursal en un banco con buenos ingresos.

Mejorar el negocio familiar e internacionalizarlo.

Ser una bailarina reconocida de gran éxito.

Ser felices y ver crecer a los nietos, en una casita en el campo.

Ser una estrella de la canción con éxitos continuos.

Ser guarda forestal para colaborar en la conservación de los bosques.

—*Ser alcalde de mi ciudad o concejala de servicios sociales.*

Eso es. Los tuyos también sirven, aunque se hayan visto frenados por la cruda realidad de la crisis.

Una meta de vida, para que sea consistente y eficaz, debe comprender todos los elementos que afecten tanto a tu vida como a tu profesión y deben tener en cuenta:

El estadio de la vida en que te encuentras

No puede ser igual ni debe tener en cuenta los mismos elementos la meta de un estudiante de segundo ciclo de carrera que la de una persona de 60 años que se plantea jubilase.

Las habilidades naturales y capacidades

Aquello para lo que estás especialmente dotado y se corresponde con tu estilo de trabajo o aprendizaje. Tienes muy buena voz y te pasas las horas con los teclados y la guitarra.

Lo que has aprendido y la experiencia

En cada etapa, llegas con un bagaje de conocimientos y una experiencia que has de aplicar en la siguiente para perfeccionarla, llevarla a cabo o corregirla.

Tus áreas de interés y tus ilusiones

Aunque tienes que pensar en cómo lo soportas económicamente, es importante que el tema te atraiga cuanto más mejor.

Tu manera de relacionarte

Si la tarea que quieres emprender es adecuada a tus habilidades interpersonales, te vas a dedicar a ello con esmero, vas a ser más eficaz y vas a sufrir menos sus sacrificios y penalidades.

Tus valores en la vida

Si coincide tu manera de pensar con tu forma de trabajar, tendrás un sentido de plenitud y coherencia que se verá reflejado en todo lo que hagas.

Tus objetivos de vida

Lo que quieres hacer en la vida. Los logros que quieres conseguir. A quién quieres emular. Y no perseguir o tratar de alcanzar los objetivos de otros. Los hijos se deben tener cuando se desean y se les puede dar el ambiente que necesitan, no para hacer abuelos a tus padres.

La saga familiar

Aunque no llegue a tanto y no sea «saga», tan sólo una profesión o un negocio, pero la tradición y la ocupación familiar puede condicionar o facilitar las decisiones.

Para que estos parámetros puedan ser objetivos es importante la ayuda y opinión de los que nos rodean, pues nos conocen bien y nos pueden ayudar. Como es importante, en la medida que se pueda y la decisión lo requiera, la utilización de consejeros profesionales. Allí donde no lleguemos nosotros o pensemos que nuestra subjetividad –que también es importante– puede limitar o condicionar nuestras decisiones, vale la pena utilizar ayuda externa especializada. Con su experiencia y sus herramientas específicas nos orientarán para un mejor planteamiento de nuestras metas.

Lo mismo nos puede ayudar para decidir unos estudios que una carrera, o la edad de prejubilación o la ciudad donde queremos fijar la nueva residencia familiar. A veces porque nosotros no tendríamos suficientes elementos de juicio y otras porque vale la pena contrastar nuestras opiniones con gente que nos conozca bien y nos quiera ayudar.

Aunque muchas veces, cuanto más alejada esté esta opinión de nuestro entorno familiar y personal, más valiosas van a ser sus consideraciones o consejos. La gente próxima puede tener un grado de subjetividad no tan fuerte como el nuestro, que puede ser condicionante. Un abogado puede tener mucha subjetividad para recomendar a sus hijos –por lo menos al primero– que sea también abogado o notario, ya que no lo ha podido ser él. Lo cual tampoco tiene por qué ser desdeñable, porque la ascendencia y la saga familiar puede facilitar o dificultar las nuevas metas que se marquen.

Las metas importantes hay que plasmarlas por escrito. No vale con «querer ser escritor» que puede estar bien a los 12 años. A los 16, al abandonar la escuela, hay que determinar la escuela de periodismo, lengua o literatura donde se quiere estudiar y si se va a compaginar con otros estudios, por ejemplo de inglés, y cuántos años se está dispuesto, como le pasa a Julia, a estar antes de responsable de prensa de un gabinete de comunicación o en un periódico de redactor.

Aunque esto de las situaciones y realidades ante la crisis va como la alegría, «por barrios», y no son iguales para todos nosotros. Según nuestras realidades patrimoniales, los ingresos y las deudas, todo ello se va a ver filtrado por la etapa vital en que nos encontremos, que mediatiza nuestras metas, necesidades y propuestas.

La crisis nos hace replantearnos nuestros esquemas y tenemos que tomar decisiones, aunque cada vez sean menos importantes o tengan menor repercusión en la vida que nos queda. En la medida que avanzan los años, o nosotros a través de ellos, las decisiones no parecen tan drásticas y se pueden posponer o dejar que la vida nos lleve por su cuenta a ellas.

A los 18 años, la elección de carrera o la decisión de trabajar es bastante determinante para el resto de la vida. Aunque hoy en día hay muchos caminos divergentes que, con los años, se vuelven a encontrar. No era como antes, que era estudiar o trabajar, y ciencias o letras, lo que marcaba cuatro caminos bastante diferentes. Hoy en día, hay muchos estudios que se pueden recuperar, muchas carreras que confluyen o se homogeinizan con un master, y gente que desde la vida profesional puede alcanzar una formación y uan experiencia equiparable a las de una carrera.

Mientras que la jubilación se puede adelantar o esperar a que llegue sin variar en mucho nuestra vida, siempre que tengamos salud y ánimos para proseguir la dinámica del trabajo. Este camino lo recorren, ya juntos, hombres y mujeres desde la más temprana edad. Empiezan juntos en párvulos y no se separan nunca más. Las decisiones que han de tomar unos y otros son bastante parecidas y las apetencias por la independencia profesional y económica o por formar una familia son bastante parecidas en uno y otro sexo.

No voy a insistir en cómo eran las cosas antes, porque no nos aportaría nada a lo que pretendemos analizar; si acaso, nos detendremos en las situaciones que mantienen uno y otro sexo en las sucesivas etapas vitales, porque pueden ser diferentes si las mujeres se dedican a la casa y la familia y los hombres a la vida laboral o ambos se ven condicionados por la vida laboral y familiar. Aunque en ambas situaciones hay mucho que coordinar y repartir entre la pareja.

La crisis según tu etapa vital

Pero vamos a ver en más detalle la situación y las expectativas que se nos plantean a cada uno según nuestra etapa vital y cómo nos planteamos salir reforzados de esta crisis económica y de valores.

Jóvenes. De los estudios al trabajo

Este paso suele suponer el abandono de la protección de los padres, porque uno cambia de ciudad o se independiza para dejar disfrutar a los padres su meta de buena prejubilación mientras preparan la total jubilación.

Suele ser la primera gran decisión que se toma, muchas veces sin la participación de los padres. Se les consulta, se les pregunta, se tienen en consideración sus advertencias y consejos —como los de los profesores—, pero se decide en solitario. Aunque a veces se deja uno influir por los amigos y —oh, error— se trata de hacer la misma carrera que va a hacer el amigo. O se deja de estudiar porque se quiere correr una aventura con el amigo o la pareja.

Para hacerlo de manera correcta y establecer una meta sólida, los padres y los profesores deberían guiar o facilitar los criterios para que el joven establezca su camino de manera consciente y bien pensada. En esta decisión es importante ser conscientes de las habilidades naturales y de las capacidades, pues después han de favorecer o entorpecer todo el aprendizaje posterior.

De la misma manera, sería importante considerar los intereses personales, la personalidad, los valores y las metas en la vida. Ya sabemos que para los toreros y los médicos es muy fácil porque lo suelen tener claro desde antes, pero hay muchas otras profesiones más indefinidas que no se tienen tan claras.

Uno empieza estudiando ingeniería y termina de profesor en un instituto porque, sobre la marcha, descubre su vocación por la enseñanza.

En esta edad hay que dar respuesta a estas preguntas: ¿Qué decisiones se deben tomar? ¿Qué relaciones cambiarán? ¿Con los padres, con los compañeros de colegio? ¿Cuáles son los planes para el futuro y los principales factores que los condicionan? ¿Qué carrera se quiere escoger y los motivos? ¿Facilitará ello el plan de vida que se quiere llevar?

Ahí estaban los solteros de oro, que no dejaban emanciparse a los padres por la carestía de los pisos y la comodidad del hogar cuando los padres se iban fuera de casa. Y los nuevos parámetros de la crisis han cambiado en parte al devolver los pisos a valores más asequibles, pero, al mismo tiempo, han complicado el acceso al trabajo y los ingresos estables, con lo que los mediopensionistas vocacionales han renovado sus motivos para continuar en casa de los padres.

Hasta estallar la crisis no se pensaba en unirse a una gran empresa, como posiblemente hicieron los padres y pasar allí toda la vida, pero la crisis, que está afectando en mayor medida a los empleos más inestables, hace que se esté trastocando la escala de valores y los funcionarios, banqueros y semejantes vuelven a ser los empleos más codiciados y seguros.

La crisis obliga a los jóvenes a replantearse: ¿Qué ofrece ahora el mercado? ¿Qué sector mantiene alguna oferta de empleo, aunque no sea el que mejor se pagaba? En lugar de un plan a largo plazo, como se pensaba antes, hay que considerar: ¿Cómo puedo aplicar mis conocimientos a los sectores menos afectados por la crisis? ¿Adquiriré allí una experiencia que no me encasille y me sirva para el futuro cuando amaine el temporal?

También hay que plantarse: ¿Qué sector tiene más expectativas actualmente y en el futuro? ¿Es una empresa que sobrevivirá a la crisis, se estabilizará o incluso puede progresar? ¿Cuál ofrece alguna posibilidad de promoción y desarrollo?

Todo esto bajo la perspectiva de que es un cambio importante en la trayectoria vital, aunque debe seguir manteniendo en perspectiva los objetivos de vida. Y siempre esperando los nuevos cambios que se van a producir sobre la marcha, que harán cambiar el rumbo y nos pueden apartar aún más de la meta a donde esperábamos llegar o quedarnos cerca.

La joven universitaria, Susana, tiene que acomodarse al nuevo escenario para plantearse la vida de acuerdo con las nuevas circunstancias en que quizás tanga mayor dificultad para encontrar trabajo, pero la vivienda ha vuelto a ser un bien asequible. Como le pasa a Jaime, que puede dar gracias de que su trabajo a corto plazo y su suelo no peligran y podrá acabar de pagar su Golf en los dos años que le faltan. Aunque ambos han de plantearse ahora la base que necesitan para acceder un día a una vivienda.

Matrimonios en época de crianza.
Estabilización personal

Hemos entrado en lo que yo llamo el final de la primera vida. Porque los humanos tenemos tres —como los gatos tienen siete—, que son los tres papeles que nos toca desarrollar en la vida: como hijos, como padres y como abuelos.

En esta edad, acumulamos ya una muestra de casi todas las experiencias: amor, desamor, amistad, logros, fracasos, luchas, consecuciones, placer, angustia, estrés, equilibrio... de casi todo. Y hemos querido ya entrar en la vida de adulto con las consecuencias que comportan los hijos y la asunción de responsabilidad y cuidados que ellos requieren junto a las responsabilidades económicas de la vivienda y su hipoteca.

De la misma manera que al dejar la universidad empezamos a trabajar con denuedo, a esta edad nos preguntamos si lo que estamos haciendo nos llevará hacia donde queremos ir, si lo que hacemos es adecuado para los siguientes veinte años de nuestra vida, si ésa es la empresa adecuada, si nos permitirá mantener el nivel de educación que se desee dar en el futuro a los hijos que ya se quiere tener.

A esta edad se suelen producir los primeros cambios importantes, como nuevo coche, nueva casa, casarse, tener hijos, un ascenso, un cambio de empresa o de ciudad. Hay que reconducir las prioridades para dirigirse mejor hacia la meta vital que ya se va perfilando mejor. Tratamos de reposicionarnos para los siguientes veinte años y queremos estar seguros de que no estamos perdiendo oportunidades o desperdiciando esfuerzos.

Es la edad en que se piensa que ya se juega de verdad, en serio, y no valen muchos más cambios. Hasta entonces parecía que todo era provisional y no del todo seguro. Pero, a partir de esta edad, se considera que hay que apostar de verdad. Si no estás en la profesión o la situación familiar correcta, tienes que encontrar el buen camino de tu vida. Y si estás bien enfocado tienes que dedicarte, echar el resto y conseguir los logros que te has marcado. La empresa, la familia y su futuro requieren tu completa dedicación.

De nuevo nos encontramos en esta nueva carrera con Octavi y Julia que como todos nosotros, se han de replantear la vida. Julia había querido ser escritora desde joven, aunque al terminar los estudios de periodismo tuvo que empezar a trabajar en un gabinete de prensa como freelance. *O su marido Octavi, que quería ser un científico que descubriese los orígenes y cura del cáncer y ahora acepta la labor rutinaria que hace en el laboratorio donde trabaja que, además, le proporciona unos ingresos razonables.*

Su metas estaban planteadas de acuerdo con sus expectativas cuando eran estudiantes y soñaban con aplicar sus conocimientos e ilusiones a un fin motivador y útil para la sociedad, pero en la medida en que se han ido enfrentando a la prosaica realidad de cada etapa han tenido que incorporar criterios de racionalidad, no tan sólo emociones. Aunque las emociones y sentimientos no deben ser desechados ni olvidados por completo.

Ambos mantenían vivo el sueño de su vida, aunque la hipoteca y la llegada de los hijos los retrasó un poco, pero esta crisis los va a retrasar todavía más.

En esta etapa vital se trata de mantener un equilibrio entre la importancia que se da y el tiempo que se presta a valores como seguridad, éxito económico, familia, posición social, sabiduría, salud, estabilidad, productividad y competencia, creatividad y trabajo artístico, plenitud espiritual, capacidad de decisión, innovación, entusiasmo, retos físicos, amistad, cambio y novedades.

Para evaluar lo andado y lo que queda por andar en las nuevas circunstancias que la crisis nos ha acarreado hay que responder también a: ¿Qué ha funcionado y qué no de lo que hemos recorrido? ¿Qué se mantiene y qué se ha trastocado con la crisis? ¿Qué se puede hacer para situarse de nuevo en el camino adecuado? ¿Qué valores y hábitos se pueden mantener y cuáles hay que adecuar a las nuevas circunstancias? ¿A cuáles hay que prestar mayor atención todavía? ¿Cuáles son los intereses familiares en la nueva coyuntura? ¿Se va a poder equilibrar bien trabajo y familia, o esto se va a ver afectado? ¿Tiene sentido la vida personal y familiar que se llevaba antes? ¿Hay que variar mucho los comportamientos y actitudes ante la vida?

Matrimonios ya sin hijos. Preparar la jubilación

La crisis de los cuarenta está empezando a olvidarse porque llega la de los cincuenta, que llama a tu puerta. Los hijos están en la edad de tomar sus primeras decisiones importantes una vez terminen sus estudios y tú con cierto cansancio acumulado de la empresa y la familia. Ya ha habido mucho de todo. Aunque, por suerte, el balance es positivo.

Esta época es de transición tanto para padres como para hijos y, por ello, puede ser muy importante para ambos, pues si se acierta en la elección, queda enfocada para los hijos la carrera profesional y, para los padres, el resto de la vida. Tanto padres como hijos han de acomodarse a sus nuevos papeles para seguir funcionando a partir de entonces por separado y con unas nuevas reglas de juego.

Sin embargo, para los padres no es un punto más significativo que cualquiera de los puntos de inflexión anteriores o posteriores. Aunque mucha gente haga balance de su vida y crea que no hay coincidencia entre lo que cree ser y lo que realmente es. El sistema de valores que defendían no se corresponde con el que aplican, que es más acomodaticio. Se mantiene una segunda vida, proliferan los divorcios, se acentúan las depresiones y es necesario echar mano del Prozac. Los hombres quieren recuperar su juventud perdida y se compran un coche más deportivo o visten de una manera más informal, mientras las mujeres echan mano de la cirugía.

Se tienden a ignorar todos los problemas de ansiedad, depresión o estrés que se detectan. Es mejor echarles tierra y tratar de seguir como si nada. En esta etapa, los problemas son más en relación a los «valores» que en relación a las cuestiones materiales. Ya se sabe si se va a llegar muy lejos en la vida, si se va a llegar a lo más alto, los ingresos que se pueden esperar para el resto de la vida o se tiene un sentimiento de orgullo o autocompasión por lo mucho o poco que se ha conseguido.

Pero esta crisis a destiempo lo ha trastocado todo y, por ello, es necesario dar los retoques que sean necesarios para que los planes de futuro no se vean sensiblemente modificados y para introducir en la vida algo más de sentido, en la medida en que los planteamientos que nos habíamos hecho anteriormente los sentimos desfasados, anticuados o, lo que es más grave, deben ser corregidos por completo.

Ramiro y Margarita están en esta situación y, aunque su estabilidad económica está garantizada, la crisis ha trastocado ligeramente sus planes aunque van a llegar a las mismas metas que se habían planteado a corto plazo para su jubilación. Por ello se preguntan su satisfacción sobre la familia y el trabajo que ambos tienen, Ramiro en el banco y ella en casa. ¿Equilibran bien ambas tareas o Margarita se siente más sola y vacía muchas tardes? ¿Les ilusiona el trabajo o más bien ya están cansados y desean pasar a la vida de jubilados? ¿Van a poder mantener los planes de futuro que tenían planteados? ¿Están enraizando en la comunidad y se sienten en contacto con otros que comparten sus valores? ¿Sus hijos podrán andar solos o todavía los necesitarán? ¿Sería interesante tomar otra dirección en la vida y cambiar las prioridades hacia algo que tenga mayor sentido?

Ellos ya han hecho casi todo en la vida y disfrutado y padecido por igual ante muchas situaciones, por lo que lo que les queda antes de empezar a descansar y disfrutar de lo conseguido es más de lo mismo. Desde que los hijos los abandonaron la pareja se quedó desnuda, a solas, y por eso esperan que la llegada de los nietos dé un nuevo impulso a su tercera vida como abuelos. Aunque ambos son conscientes de que no deben cargar con esa responsabilidad a sus hijos, que deben planificar su vida por sí solos.

Las mujeres sienten de verdad que están a las puertas de una nueva vida, apartadas de la maternidad. Aunque muchas mujeres ven que sus responsabilidades anteriores –familiares y laborales– desaparecen y pueden empezar una nueva vida más dedicadas a ellas mismas.

Para las mujeres, son importantes muchas de las cuestiones que el hombre se planteaba al inicio de esta etapa, y de manera conjunta deben responder a estas cuestiones: ¿Qué ha funcionado y qué no en las épocas anteriores? ¿Se está todavía a tiempo de iniciar una actividad alternativa? ¿Qué se puede hacer para estar en una mejor posición –no necesariamente económica o social– de cara a la crisis para poder mantener la meta de vida planteada? ¿Se equilibra bien el trabajo o los trabajos de la pareja y la vida en pareja? ¿Todo sigue teniendo el sentido que ambos pretendían?

Hombres y mujeres deben encontrar nuevos focos de interés en la medida en que las familias se han desmembrado porque los hijos han volado. Causas que defender, aficiones pospuestas, clubes sociales, actividades que llenen el tiempo y las áreas de interés que han quedado vacías.

En esta edad, la vida es la acumulación de todas las elecciones y decisiones que se han tomado a lo largo de la vida y todo está condicionado por ello. Es posible desarrollar una nueva actividad recreativa como la pesca o el golf, pero no se puede cambiar de trabajo o pensar en una actividad alternativa. Es demasiado tarde.

Jubilados. Volver a empezar

Cualquier jubilado, como Andrés, ha visto muy poco afectada su economía a causa de la crisis y tan sólo tiene que ajustar algo sus consumos porque las rentas le han variado muy poco y tiene las mismas propiedades, aunque las acciones se le han desvalorizado. Pero, a nivel personal, casi se alegra de que la sociedad vuelva a la escala de valores que él defiende y practica.

Al igual que en la transición hacia la madurez en los 20 y la transición en los 40 a la mitad de la vida, con la jubilación se inició para él y Elena una nueva vida. El mayor error que podían haber cometido era olvidarlo y pensar que la jubilación tan sólo significa la ausencia de trabajo, y con una buena pla-

nificación financiera ya era suficiente. Pero no era así. Andrés se retiró del trabajo, pero ninguno de los dos quisieron retirarse de la vida, sino todo lo contario, porque la falta de ocupaciones e ilusiones es la muerte. Los listos como ellos empezaron a vivir entonces una nueva vida.

Ésta es la época de las pérdidas, porque después de haber despedido normalmente a los padres en la década anterior, empiezan a desaparecer los amigos, otros familiares y allegados. Cada año a despedir a alguien. Esta época es una época crítica, pero los muchos supervivientes —entre los que espera encontrarse nuestra pareja— sobreviven hasta los ochenta, con lo que tienen que planificar muy bien los siguientes veinte años de vida.

Acumulan mermas físicas y psíquicas y cada facultad menguada no se vuelve a recuperar, pero todavía les quedan muchas cosas por hacer, porque tienen tiempo y dinero. Tiempo, todo, y dinero más del que se pueden gastar sin perjudicar la salud.

Como ya ha pasado en alguna de las etapas anteriores, ésta es una expresión de todo lo que se ha aprendido, creído, acumulado y conseguido, aunque también suponga cosas nuevas. Para la jubilación, una persona o una pareja debe planificar todo lo que quiere hacer a partir de entones. Se deben establecer nuevas metas en las que todo tenga sentido como continuación de la manera en que se ha vivido.

El retiro laboral hay que planificarlo por lo menos con cinco años de antelación, no el día en que uno se jubila. Porque al igual que antes de trabajar hay que estudiar y formarse para ello, para la jubilación hay muchos aspectos que planificar y muchas actividades nuevas que afrontar. Tener de nuevo metas, aunque a veces se vean truncadas por la crianza de los nietos —síndrome de la abuela esclava—, ayuda a tener una larga y provechosa jubilación.

Como antes, habrá que evaluar: ¿Cómo se siente uno con la familia una vez que ya está más alejada en el día a día? ¿Se siguen compaginando bien familia y el ocio ahora que éste ocupa la mayor parte del tiempo? ¿Se piensa que ya se ha hecho todo en la vida o todavía se encuentran alicientes en nuevas aficiones o cosas que permiten disfrutar? ¿Será suficiente la vida familiar para llenar la vida? ¿Qué aficiones desechadas en la juventud o la madurez se quieren recuperar? ¿Son suficientes los objetivos marcados para los siguientes veinte años? ¿Cómo se puede transmitir a los demás parte de la experiencia que cada uno tiene?

Los aspectos más importantes que se deben establecer a esta edad están relacionados con lo que uno quiere devolver al mundo por todo lo vivido. y, aunque no se tiene el empuje de otras épocas, se puede hacer una gran contribución a la sociedad ayudando a las nuevas generaciones a crecer y a mejorar con ello.

Tener metas a esta edad puede ser la diferencia entre vivir y morir. Ser simple observador de las cosas o ser una parte todavía activa. Tener un motivo para levantarse y respirar cada día.

A esta edad y en la media que se hacen más mayores, se pueden establecer tres tipos de personas:

a) La mayoría que envejece se muestra menos activo física y mentalmente, y se mantiene cerca de los amigos y familiares.

b) Otro grupo no tan numeroso que se aísla y se ve condicionado por la enfermedad, la pobreza o muertes muy cercanas.

c) Un grupo muy reducido que cambia sus actividades hacia nuevas áreas de interés y permanecen, física y mentalmente activos en la medida en que sus facultades todavía se lo permiten. Pero no disminuyen su interés por la vida y tratan de devolver a la sociedad parte de lo que han recibido en su larga vida.

Los que siguen en la lucha y no se ven desterrados por la vida, la salud y las circunstancias deben saber: ¿Qué perdidas han sido especialmente dolorosas? ¿Cuáles se pueden esperar de manera inmediata? ¿Se hace lo suficiente para cuidar y conservar la salud? ¿Se podría hacer algo más? Y las necesarias revisiones para ver si todo, a pesar de la edad, sigue teniendo sentido y se ofrece todavía algo a la comunidad.

A partir de los 80 años –la segunda fase de esta etapa de jubilados–, en mi opinión ya son años que la vida concede de propina, de prórroga fuera de contrato.

A esta edad, las metas ya son muy limitadas en su efecto y a corto plazo. Sin embargo, son importantes porque hay que revitalizar los años que puedan quedar con alguna ilusión, de acuerdo con la dependencia que se tenga y los medios que permitan soportarla.

La emoción sustituye ya para casi todo a la razón y la pasión y, por ello, la vida, rodeado de los familiares y amigos, es una prioridad que debe enmarcar todas las actividades cotidianas y lúdicas que permitan cierta actividad física y mental.

Es importante mantener todavía inquietudes y, por ello, hay que plantearse los amigos con que todavía se cuenta: ¿Se puede contar con ellos o tienen una gran dependencia que los limita? ¿Se mantiene todavía cierto ritmo de actividad diaria? ¿Todavía todo sigue teniendo sentido? ¿Se mantiene en los descendientes alguno de los valores trasmitidos? ¿Qué se puede hacer para no perder el pulso del mundo y sus vicisitudes?

Vistos en perspectiva, puede parecer que cada una de estas etapas es muy diferente de las demás. Y es cierto que en cada una de ellas se deciden aspectos distinos y cobran diversa importancia los familiares y los profesionales. Pero, al mismo tiempo, se mantienen unos puntos comunes que quiero destacar:

- **Constancia.** Cada cambio debe hacerse alejado de la ansiedad y el stress, porque una decisión acertada asegura cierta estabilidad para los siguientes años y facilita la toma de decisión en los siguientes puntos de inflexión.
- **Consistencia.** Las decisiones deben estar orientadas a la consecución de la meta final y hemos de ser conscientes de que los cambios externos y los maquillajes sólo enmascaran los problemas pero no los resuelven.
- **Continuidad.** Los cambios han de ser continuos, en todas las etapas. Los elementos externos, nuestras acciones y sus consecuencias modifican los escenarios, por lo que siempre hay que hacer las modificaciones necesarias. A veces de calado e importantes cambios de rumbo y otras de ajuste fino. Pero cambios al fin y al cabo.

Es imposible afrontar los cambios en solitario, pues estamos inmersos y condicionados por nuestro entorno, que lo forman el cónyuge, la familia, los amigos, el trabajo, la comunidad y todos los que nos conocen bien y participan en nuestra vida.

Nuevo escenario para una década: 2010-2020

Nos estamos instalando en un nuevo escenario —todavía no hemos llegado—, en el que vamos a representar durante bastante tiempo una nueva función que aún está por escribir.

No esperemos tocar fondo para salir disparados hacia la situación anterior. Porque si repasamos la última década –fiel reflejo de las anteriores–, toda nuestra riqueza virtual ha sido una huida hacia delante soportada básicamente en tres pilares que no se van a volver a repetir:

- La construcción como motor de desarrollo y ocupación.
- El incremento continuo del valor de la vivienda.
- Y el consumo desmesurado con endeudamiento a costa de la vivienda.

Pero si ahora le quitamos la partitura básica al sainete que representábamos, nos queda una tragicomedia sin música en que todo se ha de volver a escribir e interpretar:

1. Nuestro plus de riqueza virtual se ha anulado. Ya no sirve el mecanismo de pensar que si acabamos de comprar vivienda, en dos años ya vale mucho más que lo que hemos financiado o que si ya la tenemos pagada la podemos vender y vivir de rentas en un apartamento menor. Las viviendas han de buscar su valor de equilibrio y en él seguirán bastante tiempo.

2. Economía familiar sostenible. Este concepto que está introduciendo el gobierno a nivel nacional tendremos que aplicárnoslo a nuestra economía familiar en un escenario en que todas las variables de patrimonio, ingresos y deudas tendrán una mayor estabilidad y evolución más lenta. La vivienda mantendrá su valor y, sólo pasados unos años, irá aumentando poco a poco. Los ingresos serán bastante estables. Y la hipoteca supondrá un pago bastante asequible –tipos de interés bajos–, pero permanecerá con nosotros 20 o 30 años.

3. Por todo ello, tendremos que construir un entramado financiero familiar estable que pueda perdurar a través de

estos 20 o 30 años de una manera sostenible y sin contar con la revalorización desorbitada del patrimonio. Si acaso, mejorará en función de una muy buena ubicación territorial o urbana o porque lo dotemos de más valor añadido y de mejores prestaciones y servicios.

4. Hay que buscar nuevas áreas de actividad que sustituyan al ladrillo, como pueden ser las energías renovables. Y en ellas tendremos que colaborar todos en la media en que las viviendas y los coches tengan que ser más ecológico-eficientes. No sólo el gobierno invertirá en molinos de viento y huertos solares; todos tendremos que invertir en nuestra parcela para adecuarla a los nuevos tiempos.

5. El mecanismo individual para acceder tanto a la vivienda como, después, a la jubilación, ya no será la especulación inmobiliaria mediante la vivienda. Para acceder a la vivienda hará falta un 30 % o tener la estabilidad de los ingresos garantizada, y de cara a la jubilación habrá que construir, con paciencia, ahorro y años, un patrimonio estable.

6. Y sobre este nuevo esquema podemos marcar tres directrices básicas que han de guiar nuestros pasos o circunscribir nuestro papel en esta nueva representación teatral:

   a) Disminución continuada de las deudas y ahorro sistemático.

   b) Adecuación y formación para las nuevas tecnologías y para los nuevos retos que se le plantean a la sociedad.

   c) Recuperación de los valores clásicos del esfuerzo, la formación y el disfrute de las cosas cotidianas.

Y, para terminar, quiero repetir, como síntesis, una frase que he utilizado al principio para enmarcar nuestro paso por esta crisis, porque quizás ahora puede tener mayor sentido.

Nada volverá a ser como antes. Y tendremos
que cambiar nuestros comportamientos personales
y financieros para hacer frente a la nueva situación
y salir reforzados de ella. Menos ricos, pero más sabios
y con mejores hábitos.

INTRODUCCIÓN